CLAUDE MOSSÉ

Professeur à l'université de Paris VIII

LE CITOYEN DANS LA GRÈCE ANTIQUE

NATHAN

Du même auteur :

- *La Fin de la démocratie athénienne*, PUF, 1962
- *La Tyrannie dans la Grèce antique*, PUF, 1969
- *Histoire d'une démocratie : Athènes*, Le Seuil, 1971
- *La Femme dans la Grèce antique*, Albin Michel, 1983
- *La Grèce archaïque d'Homère à Eschyle*, Le Seuil, 1984
- *Le Procès de Socrate*, Complexe, 1987

en collaboration :

• avec E. Will et P. Gourowsky
- *Le Monde grec et l'Orient* (t.2). *Le IVe siècle et l'époque hellénistique*, PUF (1975) 3e éd.1990

• avec A. Schnapp-Gourbeillon
- *Précis d'histoire grecque*, A. Colin, 1990

• avec Erich Lessing
- *Les Mythes grecs*, Nathan, 1991

Conception de couverture : Noémi Adda
Conception graphique intérieure : Agence Média

ISBN 209 190571-5

SOMMAIRE

INTRODUCTION

Ce sont les Grecs qui ont «inventé» la politique, le mot et la chose. Politique vient en effet de *polis*, terme grec que nous traduisons par «cité». Quand ils tentaient de définir ce qu'ils entendaient par ce terme, les Grecs parlaient d'une *koinonia tôn politôn*, d'une communauté de citoyens. La Grèce en effet n'était pas un État, comme elle l'est aujourd'hui, mais une multitude de petits états autonomes, liés par une communauté de langue, de religion et de civilisation, parmi lesquels les *poleis*, les cités, étaient les plus structurées. Chaque cité constituait donc une unité politique, possédant ses institutions propres, ses lois, et jouissait en principe d'une indépendance complète par rapport aux autres cités. Dans la réalité, il pouvait en aller autrement, certaines cités imposant aux cités voisines ou à celles qui entraient dans leur alliance une hégémonie plus ou moins avouée. L'autonomie des cités n'en demeurait pas moins une réalité, à laquelle elles étaient farouchement attachées, et qui explique que ne se réalisa jamais, sauf de façon circonstancielle face à un adversaire extérieur, une unité politique du monde grec.

Une cité grecque se présentait généralement comme constituée par un centre urbain, le plus souvent proche de la mer, et un territoire plus ou moins étendu. On peut se faire une idée de ce qu'était le type idéal de la cité grecque à partir des fouilles entreprises sur le site de certaines cités «coloniales», en Italie du Sud, en Sicile ou sur les côtes de la mer Noire. On a constaté ainsi que dans ces cités, fondées par des Grecs à partir du milieu du VIIIe siècle avant notre ère, le territoire était divisé entre les colons au moment de la fondation, cette division s'inscrivant dans le prolongement de la division du centre urbain. C'est dire qu'entre la ville et la campagne n'existait pas de solution de continuité, la ville étant d'abord le centre politique et religieux d'une communauté d'hommes vivant essentiellement des revenus de leur lot de terre. Bien entendu, il s'agit là de cités neuves, fondées par des émigrants, qui certes cherchaient à reconstituer «outre mer» le cadre de leur cité d'origine, mais en le systématisant, et ce d'autant plus que cet aspect systématique faisait défaut à leur cité d'origine, issue d'une longue évolution, et dont le déséquilibre était bien souvent la cause de leur départ. Néanmoins, en dépit de ce déséquilibre sur lequel on reviendra, l'essentiel demeure ce lien étroit entre le centre urbain et son territoire, et entre la possession d'une parcelle de ce territoire et l'appartenance à la communauté civique.

Mais l'originalité de la cité grecque n'était pas que cela. Elle tenait d'abord et surtout dans le fait que, au sein de cette communauté, les décisions étaient prises en présence de tous, même si le plus souvent il ne s'agissait que d'approuver ce que proposait une minorité, ceux qui détenaient la richesse, la force militaire, l'autorité religieuse. D'une certaine façon, comme on le verra, l'histoire des cités grecques est marquée par l'élargissement plus ou moins rapide de cette minorité, jusqu'à ce qu'elle finisse par englober tous les membres de la communauté, comme ce sera le cas dans l'Athènes démocratique à partir du ve siècle. C'est là qu'au terme d'une évolution qui dura deux siècles, le citoyen sera devenu le détenteur de la souveraineté, et que le «métier» de citoyen deviendra une réalité, jusqu'à ce que, vaincue par la Macédoine, la cité renonce à une partie de son autonomie, et les citoyens à une part de leur souveraineté.

1

LES ORIGINES DE LA CITÉ GRECQUE ET L'ÉLABORATION DE LA CITOYENNETÉ

Le problème des origines de la cité grecque est l'un de ceux qui ont suscité de nombreux débats parmi les historiens. Il semble à peu près assuré que l'arrivée dans la péninsule balkanique de gens parlant une langue qui deviendra le grec se place au début du second millénaire avant notre ère. Comment se fit cette pénétration, quel fut le sort des populations occupant antérieurement le territoire que nous appelons la Grèce, c'est là un problème que rien ne permet de résoudre de façon assurée. Il y a, pour nous éclairer, les traces laissées dans le sol par les immigrants, mais elles sont d'une interprétation malaisée. Il y a aussi les récits que les Grecs eux-mêmes se plaisaient à rapporter sur leurs origines mais qui, bien souvent, sont des reconstructions destinées à justifier des ambitions postérieures. Une seule certitude : l'absence d'un état centralisé, mais, à partir du XVIIe siècle, la formation dans certaines régions de la péninsule de centres plus importants où allait bientôt s'épanouir une brillante civilisation que, du nom d'un de ses centres, Mycènes en Argolide au nord-est du Péloponnèse, on appelle la civilisation mycénienne.

1. La civilisation mycénienne

1.1 Les poèmes homériques

Au point de départ de notre connaissance de cette civilisation il y a l'engouement d'un homme d'affaires allemand, Henri Schliemann, pour la première œuvre littéraire écrite en grec qui nous soit parvenue : les deux longs poèmes que les Grecs attribuaient à Homère, l'*Iliade* et l'*Odyssée*. Le premier de ces poèmes raconte un moment d'une guerre que les Grecs, rassemblés sous l'autorité d'Agamemnon, roi de Mycènes, auraient menée contre une ville d'Asie, Troie. Il s'agissait de venger l'affront infligé au frère d'Agamemnon, Ménélas, par le fils du roi de Troie, ravisseur de son épouse, la belle Hélène. Le second narre les mésaventures d'un compagnon d'Agamemnon, le roi d'Ithaque, Ulysse, qui, après la prise de Troie dont il avait été l'artisan grâce à la ruse du cheval de bois introduit à l'intérieur des murailles de la ville, avait erré dix ans sur les mers avant de retrouver, après des rencontres plus extraordinaires les unes que les autres, sa patrie et sa fidèle épouse Pénélope.

1.2 Les fouilles de Mycènes

Schliemann, soucieux de retrouver les traces d'Agamemnon et de ses compagnons, fit donc entreprendre, en 1874, des fouilles sur le site de Mycènes, et l'on mit à jour les restes d'un palais fortifié, des tombes contenant un riche matériel et de nombreux objets d'or, et des tablettes couvertes d'une écriture qui ne fut déchiffrée que plus d'un demi-siècle plus tard. Schliemann était convaincu qu'il avait découvert le palais d'Agamemnon. Mais très vite, il apparut que les choses n'étaient pas aussi simples, et la lecture des tablettes vint conforter ceux qui doutaient que les héros d'Homère aient disposé d'un pouvoir comparable à celui que révélèrent les fouilles menées ultérieurement, à Mycènes même et sur d'autres sites du Péloponnèse ou de Grèce centrale.

1.3 L'organisation palatiale

L'existence, en particulier, d'une bureaucratie de scribes, tenant minutieusement à jour une comptabilité révélatrice d'une structure sociale complexe, faisait penser davantage à une organisation palatiale comparable à celle de certains états de l'Ancien Orient, qu'à la société relativement primitive qu'on devinait à travers le récit d'Homère. Certes, le poète entendait raconter une histoire qui remontait à un lointain passé et dont la tradition s'était transmise oralement jusqu'à lui. Mais le lien entre «monde homérique» et «monde mycénien» apparaissait bien ténu. Par ailleurs, les progrès de l'archéologie révélaient d'une part que l'influence de la civilisation mycénienne s'était exercée en dehors de la Grèce proprement dite, que les «rois» de ces palais non seulement contrôlaient les activités de production dans le cadre palatial et dans les villages qui en dépendaient, mais entretenaient également des relations avec la Crète, dont ils s'emparèrent vraisemblablement au XIVe siècle, avec l'Égypte, la Syrie, le bassin occidental de la Méditerranée. D'autre part, au fur et à mesure que se développait la prospection archéologique, il apparaissait que nombre de ces palais mycéniens avaient été brutalement détruits à la fin du XIIIe siècle, cependant que s'appauvrissait la civilisation matérielle, que disparaissait l'usage de l'écriture, que diminuait la population. On tend aujourd'hui à relativiser ce qui fut longtremps considéré comme la fin de la civilisation mycénienne et attribué à l'arrivée d'une nouvelle vague d'envahisseurs. Tous les sites mycéniens ne disparurent pas et des traces de la culture mycénienne subsistèrent pendant encore un siècle. Néanmoins, les archéologues n'ont pas renoncé à appeler «siècles obscurs» la période qui sépare la destruction des principaux sites mycéniens de la «naissance» de la cité grecque qui, pour certains, serait plus une «renaissance» qu'une naissance à proprement parler, les nouveaux établissements réoccupant souvent des sites déjà habités à l'époque mycénienne. Le problème n'est pas simple et a fait l'objet de nombreuses controverses. On se bornera ici à quelques remarques générales.

2. Le réveil de la fin du IXe siècle et la naissance de la cité

Ce que révèle incontestablement l'archéologie, c'est un accroissement rapide, à partir de la fin du IXe siècle, des établissements humains, en même temps qu'une reprise des échanges, en particulier avec le monde oriental, préludant à une réapparition de l'usage de l'écriture et, à partir du milieu du VIIIe siècle, à une expansion en Méditerranée occidentale d'abord, puis orientale. Certains de ces établissements, on l'a vu, réinvestissaient des sites occupés à l'époque d'apogée de la civilisation mycénienne. D'autres semblaient se développer autour de sanctuaires ou de tombes monumentales où affluaient des offrandes. Le matériel mis à jour dans les nécropoles, de même que ces offrandes révélaient l'existence d'une société guerrière, mais si ces guerriers semblaient plus riches et plus puissants que ceux qui les entouraient et travaillaient la terre, en revanche on ne distinguait pas entre eux de grandes différences, et surtout rien qui rappelât la structure complexe de la société mycénienne.

2.1 La réapparition de l'écriture

On ne saurait trop le répéter, on ne peut que faire des hypothèses à partir des données muettes de l'archéologie. Et ces hypothèses sont souvent hasardeuses, faute d'autres sources pour les étayer. On peut cependant, avec prudence, retenir quelques manifestations susceptibles de renforcer ces hypothèses. Et d'abord cette réapparition de l'écriture, mais d'une écriture à la fois différente par sa nature et par ses usages. Alors que l'écriture mycénienne, le linéaire B, était une écriture syllabique, c'est une écriture alphabétique que les Grecs empruntent aux Phéniciens, en y ajoutant des voyelles pour pouvoir transcrire leur langue. Écriture beaucoup plus souple et plus maniable, qui n'exige pas un long apprentissage, et dont les usages se diversifient. Car elle servira à la fois à compter, à fixer le chant du poète, à rendre publiques les lois. Ce n'est pas un hasard si avec l'écriture naît la poésie épique, ces poèmes homériques héritiers d'une longue tradition orale, mais qui allaient – une fois mis par écrit par un poète qui s'appelait peut-être Homère et vivait dans cette Grèce d'Asie où avaient émigré, après la destruction des états mycéniens, des Grecs venus d'Europe – fonder le savoir des Hellènes et connaître une large diffusion dans tout le monde égéen. On a déjà évoqué les débats qui ont divisé la critique moderne, à propos de l'usage que l'historien peut faire des poèmes homériques. Il importe de ne pas oublier qu'il s'agit d'une création littéraire, et que le sujet en était une guerre, réelle ou imaginaire, conduite par les Grecs contre Troie quelques siècles plus tôt. Mais, toute création littéraire contient une part de réel. Et si la société que dépeint Homère n'est ni celle du monde mycénien, tel que l'ont révélé les tablettes, ni la société contemporaine du poète, elle emprunte cependant à l'une et à l'autre, et peut-être, comme l'a suggéré le grand historien Moses Finley, à ces siècles obscurs qui précédèrent la naissance de la cité.

2.2 Les premières manifestations de la vie civique

C'est pourquoi il n'est pas sans intérêt de constater les premières manifestations de ce qu'on pourrait appeler une « vie civique » dans l'*Iliade* et surtout dans l'*Odyssée*. Dans l'*Iliade*, c'est la scène fameuse représentée sur le bouclier d'Achille et qui évoque un jugement où s'affrontent deux groupes opposés ; ce sont aussi les débats présidés par Agamemnon, le premier des rois qui forment le Conseil, en présence de l'ensemble des guerriers grecs. Dans l'*Odyssée*, c'est la mention du *démos* d'Ithaque, assistant, là aussi, passivement, aux débats opposant les prétendants à Télémaque, ou encore les réunions du Conseil rassemblant les rois et les Anciens sur l'agora de Schérie, la cité des Phéaciens. On voit donc là se mettre en place ce qui deviendra le trait commun caractéristique du système politique de la cité : l'assemblée du *démos* sur l'agora, au centre de l'espace urbain, le Conseil restreint qui à l'origine prend seul les décisions, un conseil qui rassemble les Anciens et les plus puissants, enfin des magistrats (les « rois » des poèmes homériques), chargés d'exécuter les décisions prises en commun et de régler les conflits, à la fois chefs de guerre, chefs religieux qui président aux sacrifices, et dotés d'un pouvoir judiciaire.

2.3 L'exemple d'Athènes

Nous n'avons de cette organisation politique aucune description précise, mais un texte du IVe siècle, la *Constitution d'Athènes*, attribué à Aristote, rend compte d'une tradition concernant la mise en place des institutions athéniennes qui ne manque pas d'intérêt. Athènes présente en effet l'originalité d'avoir été à l'époque mycénienne un centre palatial, moins important certes que ceux de Mycènes ou de Pylos, mais qui échappa partiellement aux destructions de la fin du XIIIe siècle. Le palais, situé sur l'Acropole, subsista plus longtemps et la ville servit de refuge aux Grecs chassés d'autres régions. D'où la tradition d'une migration vers les îles et les côtes d'Asie Mineure à partir d'Athènes, et, à l'époque classique, la justification des ambitions athéniennes sur ces îles et ces côtes par l'évocation d'une commune origine ionienne. Or, la description par l'auteur de la *Constitution d'Athènes* des anciennes institutions de la cité, de l'*archaia politeia*, laisse supposer une évolution qui se serait faite à partir du pouvoir royal originel vers les magistratures de l'époque archaïque et classique. Le roi aurait d'abord été privé de son pouvoir militaire au profit du polémarque, puis de son pouvoir judiciaire, désormais abandonné à l'archonte, ne gardant pour lui que l'autorité religieuse. Dans le même temps, ces magistratures, d'abord viagères, auraient été ensuite conférées pour dix ans avant de devenir annuelles. Alors, auraient été adjoints aux trois magistrats issus de l'ancien pouvoir royal six thesmothètes, chargés de rédiger les *thesmia*, les décisions judiciaires ayant force de loi, et de les publier. L'ensemble de ces magistrats élus annuellement formait le collège des neuf archontes qui était placé à la tête de la cité, cependant que les archontes sortis de charge formaient le Conseil de l'Aréopage, gardien de la constitution et tribunal souverain. L'auteur de la *Constitution d'Athènes* précise que les archontes et par voie de conséquence les Aréopagites se recrutaient parmi les meilleurs (*aristoi*) et les plus riches, cette richesse étant constituée avant tout par la terre.

On aimerait, bien entendu, pouvoir préciser les structures sociales de ces cités naissantes. On a évoqué précédemment ce que l'archéologie peut sur ce point nous apprendre. Les «meilleurs» se voulaient les descendants de ces héros des poèmes homériques qu'ils se plaisaient à honorer et dont ils partageaient les valeurs. Les tombes, les peintures de vases apportent quelques informations sur leur genre de vie, leurs armes, les objets précieux dont ils aimaient à s'entourer. Mais, c'est là peu de choses, et surtout cela ne permet pas de comprendre comment la situation allait évoluer au cours de l'époque archaïque.

3. LES TRANSFORMATIONS DES CITÉS GRECQUES ENTRE LE VIIIe ET LE VIe SIECLE

Si l'on peut en effet admettre que la cité grecque fait son apparition à la fin du IXe siècle, c'est lentement et à travers une série de crises que va s'élaborer la citoyenneté. Il n'est pas facile de reconstituer les faits, et il importe de bien souligner que l'évolution ne se fit pas au même rythme dans toutes les parties du monde grec. Notre documentation, par ailleurs, est d'importance inégale et de nature variée selon les cités. Et surtout la plupart des événements qui marquent les trois siècles de l'époque archaïque nous sont connus par des sources postérieures de plusieurs décennies, voire de plusieurs siècles. Par exemple, nous devons à l'historien Hérodote nombre de renseignements parfois anecdotiques concernant les principales cités du monde grec. Mais il se fait le plus souvent l'écho de traditions élaborées tardivement, et pour justifier une politique contemporaine de son époque, le milieu du Ve siècle.

3.1 La crise agraire

Si l'on tente cependant de déceler les principales transformations qui affectèrent le monde grec au cours de l'époque archaïque, il semble qu'on doive mettre, au premier plan des facteurs qui contribuèrent à l'élargissement de la communauté civique, le problème agraire. Il n'est pas douteux en effet qu'à l'origine, seuls ceux qui possédaient les meilleures terres formaient la communauté civique. La masse de la population, essentiellement paysanne, se trouvait vraisemblablement dans une condition plus ou moins dépendante. Le poème d'Hésiode, les *Travaux et les Jours*, sorte de calendrier religieux et agricole, est révélateur de la précarité de la condition paysanne et de la menace d'asservissement qui pesait sur le paysan pauvre contraint d'emprunter à son voisin plus riche pour subsister. Les sources postérieures parlent également d'endettement paysan et de servitude pour dettes, en particulier à propos de la situation d'Athènes vers la fin du VIIe siècle. On peut supposer à bon droit que ces paysans à la limite de la misère ne participaient pas aux assemblées du *démos* qui se tenaient de façon très irrégulière sur l'agora, et que les décisions engageant la communauté étaient prises par des conseils restreints de notables, souvent les plus anciens parmi les «bien nés». Même si ces paysans demeuraient théoriquement des libres et n'étaient pas asservis comme les hilotes de Sparte, ils n'en vivaient pas moins sous la menace de cette servitude pour dettes dont parlent les sources anciennes.

3.2 L'expansion grecque en Méditerranée

C'est cette situation qui explique d'abord le vaste mouvement d'expansion des Grecs en Méditerranée, qui débute vers le milieu du VIIIe siècle. Les sources anciennes, souvent tardives, évoquent l'étroitesse du sol, la *sténochoria*, qui contraignait les Grecs à émigrer, à la recherche de nouvelles terres. Certes, d'autres raisons ont pu jouer, mais la localisation des établissements nouveaux dans des régions fertiles et productrices de céréales (Italie du Sud, Cyrénaïque, Crimée), de même que ce que l'on devine des pratiques de répartition du territoire entre les colons confirment que le besoin de terres était une des raisons majeures de l'expansion, même si d'autres préoccupations (approvisionnement en métaux usuels ou précieux, contrôle de certaines voies stratégiques ou commerciales) ont pu jouer dans le choix des sites. Ce qu'on appelle improprement la colonisation grecque a donc abouti à la création de cités nouvelles sur tout le pourtour de la Méditerranée, cités qui ont aussitôt présenté l'aspect typique de cette forme particulière d'État : un établissement urbain centré autour de l'agora et doté d'un port, un territoire que se partagent les nouveaux citoyens, des sanctuaires, urbains et aux limites du territoire, pour associer les dieux à la prise de possession du sol.

Mais si l'expansion grecque a répondu essentiellement à la nécessité de trouver des terres nouvelles, elle n'a pas, il s'en faut de beaucoup, fait disparaître le besoin de terres et surtout l'inégale répartition du sol qui condamnait à la misère, voire à la servitude, les petits paysans de la Grèce continentale. D'où une situation de crise dont nous ne connaissons que quelques exemples de façon un peu moins vague, mais qui semble avoir affecté la plus grande partie du monde grec.

3.3 La crise à Athènes : Solon

C'est pour Athènes que nous sommes le mieux – ou le moins mal – informés. Aux dires de l'auteur de la *Constitution d'Athènes*, c'est vers la fin du VIIe siècle que la crise atteignit son point culminant : alors, les pauvres étaient asservis aux riches qui tenaient entre leurs mains la plus grande partie du sol. Il semble distinguer deux groupes différents : ceux qu'il appelle *hectémoroi*, et qui paraissent avoir été des sortes de métayers astreints à verser un sixième de leur récolte à ceux qui contrôlaient la terre sur laquelle ils travaillaient, dont ils étaient de fait, sinon de droit, possesseurs ; et d'autre part les *pelatai*, paysans pauvres contraints de s'endetter et menacés, en cas de non remboursement de la dette, d'être réduits à la condition d'esclaves. Beaucoup d'obscurités subsistent quant à l'origine de la condition d'hectémores, mais le fait demeure d'une grave crise qui menaça l'unité de la cité, et qui fut résolue par l'arbitrage de l'archonte de l'année 594, le législateur Solon. Celui-ci non seulement mit fin à la condition d'hectémore en arrachant les bornes qui, placées sur leurs terres, symbolisaient l'état de dépendance de ces métayers, et interdit pour l'avenir la servitude pour dettes, mais, en outre, il dota la cité d'un code de lois écrites, afin que la justice fût la même pour tous. Solon se refusa cependant à procéder à un partage égalitaire de la terre civique, réclamé par une partie des paysans, ce qui n'allait pas tarder à provoquer de nouveaux troubles. Mais, dans l'immédiat, il avait reconstitué la communauté civique sur des bases nouvelles. Et, s'il faut se garder de voir en lui, comme on le fera plus tard, le père fondateur de la démocratie athénienne, il n'en reste pas moins que désormais tous les Athéniens étaient égaux devant la loi. Et s'ils n'étaient pas encore à proprement parler des «citoyens», ils n'en étaient pas moins désormais des hommes libres.

3.4 L'exemple de Sparte

Avant Athènes une autre cité avait connu une crise analogue, qui déboucha sur une solution différente de celle que Solon avait imposée à Athènes : il s'agit de Sparte, dont l'histoire reste particulièrement énigmatique pour l'historien, tant les Anciens se plaisaient à insister sur son caractère à la fois exemplaire et unique. Sparte aurait été fondée par les Doriens, les derniers arrivés des émigrants qui contribuèrent à la formation du peuple grec. Dans les traditions rapportées par les historiens anciens, les Doriens qui fondèrent Sparte auraient réduit les habitants de la Laconie à la condition d'hilotes, c'est à dire de paysans asservis. Ces mêmes traditions voulaient qu'à la suite de troubles menaçant l'unité de la cité, un législateur inspiré, Lycurgue, ait partagé le sol de la Laconie en lots égaux attribués aux neuf mille Spartiates, lots que les hilotes, possession commune de l'ensemble des Spartiates, mettaient en culture. Ce même Lycurgue aurait donné à la cité une constitution, sous forme d'un oracle dicté par le dieu de Delphes, constitution qui partageait l'autorité dans la cité entre les deux rois issus de deux dynasties qui existaient depuis l'origine de la cité, un conseil d'Anciens ou *gérousia* de vingt-huit membres désignés à vie, et l'assemblée du peuple qui, d'abord souveraine, n'aurait ensuite plus eu que voix consultative et pouvait être dissoute par les rois et les gérontes. L'historicité de Lycurgue, le partage égal du sol, l'oracle ou Grande Rhétra fixant les rapports entre rois, gérontes et assemblée n'ont cessé de poser aux historiens de nombreux problèmes, et des hypothèses diverses ont été émises pour rendre compte des données de la tradition et les faire coïncider avec le peu que nous savons par ailleurs de l'histoire de Sparte. On met généralement en doute l'attribution à un seul législateur des institutions spartiates telles qu'elles ont été décrites par les écrivains de l'époque classique et des époques ultérieures. Déjà dans l'Antiquité, on s'interrogeait sur le personnage de Lycurgue et sur le moment où il avait vécu. De même on ne croit plus guère au partage égal du sol de Laconie, dont on voit mal comment il aurait pu se perpétuer au cours des siècles. Tout au plus peut-on supposer qu'après la conquête par les Spartiates de la Messénie, riche plaine voisine de la Laconie dont les habitants furent réduits à la condition d'hilotes, les terres conquises furent partagées équitablement entre les vainqueurs. Et c'est sans doute alors, vers la fin du VIIe ou le début du VIe siècle que furent mises en place les institutions qui, si l'on met à part le caractère héréditaire de la double royauté, s'inscrivaient dans le schéma général déjà entrevu à Ithaque et dans la cité des Phéaciens, comme dans l'Athènes archaïque : des magistrats (ici les rois), un Conseil restreint et une assemblée du *démos*, rarement réunie et sans pouvoir réel.

3.5 La tyrannie

Ailleurs, la crise déboucha sur un phénomène qui semble avoir joué un rôle important dans l'évolution des cités grecques, même s'il demeura relativement circonscrit dans le temps et dans l'espace, à savoir la tyrannie. Ici encore, il nous faut interpréter les données d'une tradition qui se plaît à représenter le tyran comme un ambitieux qui, pour se rendre maître de la cité, n'hésite pas à s'appuyer sur les plus pauvres, et qui, pour se maintenir au pouvoir, fait régner la terreur, massacrant ses adversaires et réduisant à l'obéissance forcée ses propres partisans. Dans l'imaginaire des Grecs, le tyran est l'anti-citoyen par excellence, celui qui confisque le pouvoir de la communauté civique, et se situe hors de la cité qu'il asservit. Dans la réalité, les choses furent sans doute plus complexes, l'avènement d'un tyran se produisant sur un fond de luttes sociales, mais aussi de rivalités au sein de l'aristocratie dominant les cités. Pour revenir à Athènes, et à ce que nous apprennent Hérodote et l'auteur de la *Constitution d'Athènes*, il semble que la tyrannie de Pisistrate fut la conséquence à la fois du mécontentement provoqué par le caractère partiel des réformes de Solon et par son refus de régler la crise agraire par un nouveau partage du sol, et des rivalités opposant entre elles quelques grandes familles aristocratiques. Pisistrate sut habilement jouer des circonstances, et, tout en laissant subsister les lois de Solon et les institutions existantes, il usa de son autorité absolue pour apporter à la paysannerie pauvre une aide matérielle. En même temps, il renforçait l'unité de la cité et favorisait son développement matériel. Son règne marque le début de la grandeur d'Athènes qui devait bientôt éclipser toutes les autres cités et imposer son hégémonie au monde égéen, une hégémonie à la fois politique, culturelle, et économique.

4. L'ÉLARGISSEMENT DE LA COMMUNAUTÉ CIVIQUE : LA NAISSANCE DE L'IDÉE D'ÉGALITÉ

L'œuvre des législateurs et des tyrans dans le courant des VIIe et VIe siècles s'inscrit donc sur ce fond de crise agraire qui semble avoir ébranlé les fondements de la société aristocratique, et fait accéder la masse des paysans à des conditions de vie plus acceptables, et à une plus grande indépendance personnelle. Mais, pour comprendre comment, parallèlement à cette liberté acquise, on est passé à un contrôle plus ou moins actif de la décision politique, autrement dit comment le *démos*, le petit peuple, a fini par devenir, aux côtés des *aristoi*, les « meilleurs », partie intégrante d'une même communauté de citoyens, il importe de faire intervenir d'autres considérations.

4.1 Le facteur militaire

Et d'abord un facteur dont le rôle fut décisif, le facteur militaire. On a défini plus haut la cité naissante comme formée d'une aristocratie de guerriers, possesseurs de chevaux et de belles armes, et qui assuraient la défense commune. Mais, avec le développement des cités, la nécessité pour chacune d'entre elles de défendre son territoire contre les empiétements des cités voisines conduisit à l'élargissement de la fonction guerrière. On y associa tous ceux qui étaient capables de se procurer une panoplie, c'est à dire l'équipement du fantassin lourd, de l'hoplite. À ce propos, on a parfois évoqué la « révolution hoplitique », qui aurait substitué aux combats désordonnés et aux duels héroïques de l'épopée la formation en phalange où tous les combattants, alignés sur plusieurs rangs, formaient une masse compacte derrière la protection du fameux bouclier rond fermement tenu de la main gauche. En fait, plus que la création de la phalange, c'est son ouverture à un nombre plus grand de combattants qui eut des conséquences importantes. Car, au sein de la phalange, tous les combattants étaient interchangeables, donc égaux, et la victoire entraînait une répartition égale du butin, que ce butin fût constitué par des armes, du bétail ou des terres. L'élargissement des rangs de la phalange contribua au développement de l'idée d'égalité. Et de l'égalité dans le partage du butin, il fut possible de passer à l'égalité dans le partage de l'autorité politique. Bien entendu, les choses ne se passèrent pas aussi simplement, ni partout de la même manière. À Sparte par exemple, la citoyenneté se confondit très tôt avec la fonction guerrière, les Spartiates étant d'abord et avant tout des soldats, puisque l'asservissement des hilotes leur assurait une complète indépendance économique. Ailleurs, seuls ceux qui pouvaient s'équiper en hoplites pouvaient aussi participer aux assemblées et le *démos* se confondait avec la cité en armes. C'est du moins ce que laisse entendre le philosophe Aristote, qui tenait cette «cité des hoplites» pour la meilleure possible. À Athènes, l'évolution fut plus complexe, et l'on s'y arrêtera davantage, car c'est aussi là que notre information est la plus riche, même si nos sources ne sont pas toujours absolument fiables.

4.2 L'exemple d'Athènes : la révolution clisthénienne

On a déjà évoqué la crise à laquelle Solon apporta un début de solution, et la tyrannie de Pisistrate qui contribua au rapide développement de la cité.

4.2.1 Le système censitaire

La tradition rapportée par l'auteur de la *Constitution d'Athènes*, voulait que Solon, après avoir réglé la crise agraire, ait entrepris une répartition des Athéniens en fonction de leurs revenus, en quatre classes censitaires. Les deux premières classes *pentacosiomédimnes* et *hippeis* (chevaliers) correspondaient à l'ancienne aristocratie. La troisième, celle des *zeugites*, était composée par les paysans de condition aisée, capables de s'équiper en hoplites. La dernière, celle des *thètes*, regroupaient tous ceux dont les revenus étaient inférieurs à deux cents mesures de grains. À l'époque classique, les thètes formaient à peu près la moitié de la communauté civique, et servaient sur la flotte comme rameurs. Si l'on en croit l'auteur de la *Constitution d'Athènes*, les thètes ne pouvaient accéder aux magistratures. En revanche, ils siégeaient de droit à l'assemblée et dans les tribunaux. S'il en allait vraiment ainsi, cela voudrait dire que, dans l'Athènes du début du VIe siècle, la pleine citoyenneté n'était plus limitée aux seuls possesseurs de la capacité hoplitique. Il faut cependant faire ici une double remarque : d'une part, les assemblées du *démos* ne devaient pas alors être fréquentes et, par ailleurs, elles devaient se contenter d'approuver les décisions prises par le Conseil de l'Aréopage, dont le recrutement, on l'a vu, demeurait réservé aux seuls « bien nés » ; mais plus encore peut-être, il faut se méfier du sens que les écrivains du IVe siècle donnaient aux réformes accomplies par Solon, dans lequel ils voyaient l'un des fondateurs de la démocratie. Si on lui doit vraiment un classement censitaire, celui-ci devait correspondre à des préoccupations autres que politiques : militaires sûrement, fiscales peut-être.

4.2.2 L'accès des thètes aux assemblées

Il est plus vraisemblable de supposer que l'accès des thètes aux assemblées n'a pas été le résultat d'une réforme inspirée par un législateur, mais bien plutôt une situation de fait, à la faveur des troubles qui ont marqué l'histoire d'Athènes au cours du VIe siècle, en particulier les différentes crises qui jalonnèrent l'accès de Pisistrate au pouvoir. Celui-ci s'est certainement appuyé sur le petit peuple des campagnes, dont il s'était fait le protecteur, mais aussi sur la population urbaine, dont le poids grandissait, à la faveur du développement de la ville et des progrès de l'artisanat. Et c'est ce *démos* que, après la chute des Pisistratides, l'aristocrate Clisthène « fit entrer dans son compagnonnage », comme le dit Hérodote, pour mieux se débarrasser de ses adversaires.

4.2.3 Les réformes de Clisthène

Mais Clisthène n'entendait pas restaurer à son profit une nouvelle tyrannie, et, s'il s'appuya sur le *démos*, ce fut pour, ensuite – comme le dit l'auteur de la *Constitution d'Athènes* – lui remettre le pouvoir. Nous ne saurons jamais ce qui incita ce représentant d'une des grandes familles d'Athènes, celle des Alcméonides, à bouleverser les structures de la société athénienne, en remodelant l'espace civique, de façon à donner à l'égalité juridique des citoyens une base concrète, puisqu'ils étaient désormais répartis entre dix tribus regroupant des circonscriptions prises dans chacune des trois régions géographiques de l'Attique, la ville, la côte et l'intérieur. L'auteur de la *Constitution d'Athènes* évoque le rôle des Alcméonides dans la chute des tyrans pour expliquer la position de «patron du *démos*» prise par Clisthène. Mais c'est là une explication qui vaut pour le IVe siècle, quand la chute des tyrans était présentée comme une victoire de la démocratie, alors que les artisans en avaient été les aristocrates athéniens soutenus par le roi de Sparte Cléomène. Quoiqu'il en soit des raisons qui poussèrent Clisthène à bouleverser ainsi les structures de la société civique, il reste que son œuvre constitue en quelque sorte l'acte de naissance de la citoyenneté athénienne. Et cela est si vrai que c'est sans doute à ce moment-là aussi que, pour distinguer les hommes libres habitant Athènes et son territoire, mais étrangers à la communauté civique (artisans venus s'installer dans une cité en pleine expansion pour y exercer leur métier, commerçants attirés par un lieu où se développaient des échanges fructueux, etc...), fut élaboré le statut de métèque, d'étranger résident.

4.3 Le facteur économique : l'invention de la monnaie

Ce qui nous conduit à examiner un dernier facteur, qui a longtemps été tenu pour déterminant : le facteur économique. Il n'est pas douteux que la période qui va du VIIIe au VIe siècle a été pour le monde des cités grecques une période de dévelopement des activités artisanales et des échanges. Il suffit d'évoquer l'importance de la céramique, de ces beaux vases qu'on a retrouvés sur tout le pourtour de la Méditerranée. Corinthe d'abord, mais surtout Athènes furent des centres de production importants. Une grande partie de ces vases étaient exportés et servaient de monnaie d'échange contre les produits dont les cités grecques étaient dépourvues : métaux, céréales et aussi main-d'œuvre servile, d'autant plus nécessaire que partout, plus ou moins lentement, les paysanneries dépendantes s'émancipaient. Ces échanges allaient bientôt être favorisés par l'invention d'un instrument incomparable : la monnaie. C'est à partir du VIIe siècle que certaines cités grecques commencèrent à frapper monnaie. On s'est interrogé sur les raisons de cette invention, empruntée en réalité au royaume lydien. On y a vu la conséquence normale du développement des échanges en Méditerranée. C'est déjà ce qu'affirmait, dans l'Antiquité, le philosophe Aristote. En fait, il faut sans doute faire intervenir des raisons plus complexes, à la fois politiques, éthiques et sociales. Mais une fois créée pour répondre à ces besoins divers, la monnaie allait incontestablement devenir, au moins pour certaines cités dont Athènes, l'instrument privilégié de leur commerce. Cela dit, il est extrêmement difficile de préciser ce que fut l'impact de ces transformations économiques sur l'évolution de la société. Car, bien souvent, les acteurs de ces transformations étaient étrangers aux communautés civiques ; on l'a dit plus haut à propos des artisans et des commerçants venus s'établir à Athènes à la faveur du développement de l'agglomération urbaine et de la nécessité croissante d'assurer le ravitaillement de la cité en céréales et en main-d'œuvre servile. C'est alors en effet que prend une grande extension la production de vases, à figures noires puis à figures rouges, que sont remises en exploitation les mines d'argent du Laurion, que sont frappées les premières monnaies athéniennes, les fameuses «chouettes», ornées au droit de la figure d'Athéna et au revers de l'oiseau, fidèle compagnon de la déesse. Mais encore une fois, un tel essor des activités artisanales et marchandes n'a pas fait naître, comme on l'a trop souvent dit, une «bourgeoisie marchande et industrielle» qui aurait fini par supplanter la vieille aristocratie, puisque nombre de ces artisans ou marchands étaient étrangers à la communauté civique. Aristote dit bien que Clisthène, à la faveur de sa réforme, donna la citoyenneté à des étrangers et même à des esclaves. Mais cela ne dut concerner qu'un petit nombre de ceux que le développement de la cité avait attirés à Athènes.

Ailleurs, nous sommes trop mal informés pour émettre des hypothèses valables. Pour Sparte, nous savons que toute activité marchande ou artisanale était interdite aux Spartiates qui formaient la communauté des citoyens. Pour les autres cités, lorsque nous avons des informations fragmentaires, il apparaît soit que la situation est semblable à celle d'Athènes, soit que ce sont les membres de la vieille aristocratie qui souvent contrôlent les activités marchandes, confiées à des dépendants. Quant aux artisans, ils sont presque partout étrangers à la communauté civique, laquelle demeurait étroitement liée à la possession de la terre.

C'est là précisément ce qui distingue Athènes et peut-être quelques autres cités, comme elle ouvertes sur le monde extérieur : l'appartenance à la communauté civique n'était plus nécessairement liée à la possession du sol. C'était là, du moins pour Athènes, la conséquence des mesures de Solon qui avait fait revenir en Attique les gens vendus comme esclaves à l'extérieur, mais sans leur attribuer de terres, et surtout de celles de Clisthène, créant l'*isonomia*, l'égalité devant la loi et par la loi de tous ceux qui étaient membres d'un dème, cette circonscription territoriale, devenue la base de la citoyenneté.

Documents

L'assemblée des guerriers achéens devant Troie

Les hommes déjà accourent. Comme on voit les abeilles, par troupes compactes, sortir d'un antre creux, à flots toujours nouveaux, pour former une grappe qui bientôt voltige au-dessus des fleurs du printemps, tandis que beaucoup d'autres s'en vont voletant, les unes par-ci, les autres par-là ; ainsi des nefs et des baraques, des troupes sans nombre viennent se ranger, par groupes serrés, en avant du rivage bas, pour prendre part à l'assemblée. Parmi elles, Rumeur, messagère de Zeus, est là qui flambe et les pousse à marcher, jusqu'au moment où tous se trouvent réunis. L'assemblée est houleuse ; le sol gémit sous les guerriers occupés à s'asseoir ; le tumulte règne. Neuf hérauts, en criant, tâchent de contenir la foule : ne pourrait-elle arrêter sa clameur, pour écouter les rois issus de Zeus ! Ce n'est pas sans peine que les hommes s'asseoient et qu'enfin ils consentent à demeurer en place, tous cris cessant. Alors se lève le roi Agamemnon. Il tient le sceptre que jadis a œuvré le labeur d'Héphaïstos...Agamemnon s'appuie sur lui pour parler aux Argiens en ces termes : « Héros danaens, serviteurs d'Arès, mes amis... »

Homère, *Iliade*, II, v, 84 *sqq.*, trad. P. Mazon,
éd. Les Belles Lettres.

L'ancienne constitution d'Athènes

L'organisation de l'ancienne constitution, antérieure à Dracon, était la suivante. On prenait les magistrats dans les familles nobles et riches. Les charges étaient à l'origine conférées à vie, plus tard pour dix ans. Les plus importants et les plus anciens des magistrats étaient le roi, le polémarque et l'archonte. De ces magistratures, la plus ancienne était celle du roi (elle existait de toute antiquité) ; en second lieu fut ajoutée celle du polémarque, parce que certains rois avaient été peu doués pour la guerre... en dernier lieu fut institué l'archontat... Que l'archontat soit la dernière magistrature instituée, la preuve en est que l'archonte n'a aucune des fonctions primitives, comme le roi et le polémarque, mais simplement les fonctions surajoutées ; aussi cette magistrature n'est-elle devenue importante que dans la période récente, quand elle a été renforcée par ces fonctions surajoutées. Les thesmothètes furent institués bien des années après, alors qu'on instituait déjà chaque année les archontes, et cela afin de rédiger et publier les décisions ayant force de loi et de les conserver pour le jugement des conflits ; aussi est-ce la seule magistrature qui n'ait jamais duré plus d'un an.

Pseudo Aristote, *Constitution d'Athènes,* III, 1-4, trad. G. Mathieu et B. Haussoulier, éd. Les Belles Lettres.

Les réformes de Lycurgue à Sparte

La deuxième réforme de Lycurgue et la plus audacieuse fut le nouveau partage des terres. Si grande était devenue l'inégalité des fortunes que les gens sans avoir ni ressources affluaient en foule dans la ville, tandis que la richesse était entièrement tombée entre les mains d'un petit nombre. Lycurgue, pour bannir de Sparte l'insolence, l'envie, le vice, le luxe, et les maladies sociales plus anciennes et plus graves que celles-là, à savoir la richesse et la pauvreté, persuada aux citoyens de mettre tout le pays en commun, d'en faire d'abord un nouveau partage, puis de vivre tous égaux entre eux avec les mêmes lots pour se nourrir et de ne rechercher d'autre distinction que la vertu, dans la pensée qu'il n'y a aucune différence ni inégalité d'un homme à un autre, si ce n'est celle qui découle du blâme des mauvaises actions et de l'éloge des bonnes. Joignant l'acte à la parole, il divisa la Laconie en trente mille lots pour les périèques et le territoire tributaire de la ville de Sparte en neuf mille parts qui furent allouées à autant de Spartiates.

Plutarque, *Vie de Lycurgue,* VIII, 1-5, trad. R. Flacelière, éd. Les Belles Lettres.

L'origine de la monnaie

Quand l'aide étrangère devint plus importante par l'importation de ce dont on manquait et l'exportation de ce qu'on avait en surplus, l'usage de la monnaie s'introduisit comme une nécessité. Il est difficile en effet de transporter tous les produits dont on a naturellement besoin ; aussi les hommes convinrent-ils pour leurs échanges de donner et de recevoir réciproquement une matière qui, utile par elle-même, fût facile à manier pour les besoins de la vie courante, comme le fer, l'argent et toute autre matière semblable, dont la valeur fut définie d'abord uniquement par les dimensions et le poids, et enfin par l'apposition d'une empreinte pour éviter l'embarras de mesures continuelles ; l'empreinte fut mise comme signe de la quantité de métal. Une fois la monnaie inventée par suite des nécessités de l'échange, apparut l'autre forme de l'art d'acquisition, le commerce de détail, pratiqué d'abord peut-être d'une manière fort simple, et ensuite grâce à l'expérience, avec une technique déjà plus poussée qui rechercha les sources et les modes d'échange en vue de faire les plus gros profits.

Aristote, *Politique*, I, 1257 *a* 31-1257 *b* 5, trad. J. Aubonnet, éd. Les Belles Lettres.

2

COMMENT DEVIENT-ON CITOYEN ?

On a vu précédemment comment, peu à peu, l'élargissement des droits de ceux qui composaient le *démos*, voire, dans le cas d'Athènes, l'insertion dans ce *démos* d'éléments étrangers, a contribué à donner à la notion de citoyenneté un contenu positif, à définir le citoyen, le *politès*, comme celui qui faisait partie de la cité, de la *koinonia tôn politôn*, et à ce titre participait, au sein des assemblées du *démos*, à ce qu'on peut appeler la vie politique, c'est-à-dire – au terme d'un débat – à la prise de décisions engageant l'ensemble de la communauté civique.

Il importe maintenant, préalablement à l'étude des cadres qui structuraient la communauté civique, et des voies par lesquelles se transmettait ou s'obtenait la citoyenneté, de rappeler la variété des critères qui, dans les différentes cités, déterminaient l'appartenance à la communauté civique.

1. Les critères d'appartenance à la communauté civique

Les critères d'appartenance à la communauté civique variaient sensiblement d'une cité à l'autre et se définissaient essentiellement par des formes d'exclusion à l'égard de tel ou tel groupe de la population.

1.1 L'exclusion des non-libres

Il faut en effet rappeler que le corps civique ne se confondait pas avec l'ensemble de la population. Laissons pour le moment de côté le problème des femmes de citoyens, sur lequel on reviendra. Dans une cité comme Athènes, il y avait, à côté des Athéniens qui formaient le corps civique, des étrangers résidents, les métèques, et des esclaves. On ne peut évaluer de façon précise le nombre de ces derniers : les estimations proposées par les modernes sont toutes hypothétiques. Mais on peut raisonnablement penser qu'ils ont représenté à certains moments le tiers, sinon la moitié de la population de l'Attique. À Sparte, à côté d'une minorité de citoyens de plein droit, les Spartiates, il y avait d'une part les populations libres de Laconie, les périèques, qui dépendaient de l'autorité des deux rois, étaient comptés parmi les Lacédémoniens, mais, vivant dans leurs propres cités, ne participaient pas aux prises de décision communes ; d'autre part les hilotes, paysans dépendants qui travaillaient sur les terres des Spartiates, dont le statut pose des problèmes complexes, mais que les Anciens tenaient pour des esclaves. Ailleurs, dans le reste du monde grec, on retrouvait ces deux formes d'esclavage, l'esclavage-marchandise de type athénien ou l'esclavage de type hilotique, qui se distinguait du premier en ce qu'il concernait, non pas des individus isolés, achetés sur les marchés, mais des populations collectivement réduites à la condition de dépendant. Un des premiers critères d'accès à la citoyenneté était donc d'être de naissance libre.

1.2 L'exclusion de ceux qui s'adonnaient à certaines activités

Le critère de liberté valait pour toutes les cités. Mais, dans certaines cités, outre les esclaves et les dépendants, étaient exclus de la communauté civique les artisans et les commerçants, dont les activités étaient jugées indignes d'un citoyen. À Sparte, il était interdit aux «Égaux» de se livrer à toute autre activité que la guerre. Si l'on en croit Aristote, il fallait, à Thèbes, avoir depuis dix ans renoncé à une activité artisanale pour pouvoir exercer des droits politiques. Sans doute en allait-il de même dans nombre d'autres cités, où, de ce fait, le critère d'appartenance à la communauté civique était lié à la possession d'une parcelle du territoire civique, ce qui, on l'a vu, était le cas partout dans les premiers temps de la cité.

1.3 L'exclusion des plus pauvres

Enfin, dans certaines cités, un niveau minimum de fortune était requis pour accéder à la citoyenneté. C'était le cas à Marseille, à Téos, à Rhégion, à Corinthe, et sans doute ailleurs. Et ce sera le cas à Athènes, après la défaite subie devant les Macédoniens en 322.

Ces diversités témoignent de l'absence d'unité du monde grec sur le plan politique, et de ce que chaque cité était un État autonome. Malheureusement, l'état de notre documentation ne nous permet pas toujours de les prendre en compte, et il nous faudra souvent, parce qu'il est le mieux ou le moins mal connu, nous référer au seul exemple athénien.

2. Les cadres de la communauté civique

Si la cité grecque se présente comme une communauté de citoyens, cette communauté n'en apparaît pas moins structurée à l'intérieur de cadres dont certains font référence à une parenté plus ou moins imaginaire, tandis que d'autres s'inscrivent dans l'organisation de l'espace.

2.1 La tribu

Il est nécessaire de bien préciser que le terme grec *phylè*, que nous traduisons par «tribu», n'implique pas que les Grecs ont connu à l'origine une forme de société analogue à ce que les anthropologues appellent une société tribale. Cela précisé, qui est important, il reste que la définition de ce que les Grecs entendaient par *phylè* n'est pas évidente. Il importe, en outre, de tenir compte des différences sur lesquelles les Anciens insistaient entre *phylai* ioniennes et *phylai* doriennes. Les premières étaient propres aux Athéniens et à la majeure partie des îles de l'Égée, ainsi qu'à de nombreuses cités des côtes de l'Asie Mineure, dont les habitants se voulaient descendants d'Ion, roi mythique d'Athènes. Les secondes appartenaient à cette branche du peuple grec qui parlait le dialecte dorien et qu'on retrouvait surtout dans le Péloponnèse, en Crète et dans certaines îles.

2.1.1 Les tribus ioniennes

L'essentiel de ce que nous savons sur les tribus ioniennes provient des sources athéniennes. Leur interprétation n'est pas toujours facile, mais il semble que les tribus aient existé dès qu'apparaît la cité, et qu'elles regroupaient l'ensemble des membres de la communauté civique. À la veille de la réforme de Clisthène, les Athéniens étaient encore répartis en quatre tribus, Géléontes, Hoplètes, Aigicoreis, Argadeis, mais nous ne savons pas exactement quelle était leur fonction dans la cité. Sans doute participaient-elles aux cultes communs, mais leur fonction principale était peut-être d'assurer la levée des hommes pour l'armée. Les mêmes noms se retrouvent dans d'autres cités du monde ionien. Mais parfois, les quatre tribus portent des noms différents ou bien encore on trouve dans certaines cités ioniennes six, voire huit noms de tribus (à Milet, à Éphèse). Cette diversité interdit de penser que la structure tribale ionienne était une donnée antérieure à l'apparition de la cité. Tout au plus la similitude des noms dans certains cas permet-elle de penser que ce qui rassemblait les Ioniens et pouvait expliquer la diffusion des même noms, sinon d'une même structure, c'était l'existence de sanctuaires communs, tels le Panionion en Asie ou le sanctuaire d'Apollon à Délos.

2.1.2 Les tribus doriennes

Dans les cités doriennes, toujours selon les traditions rapportées par les auteurs anciens – et singulièrement par l'historien Hérodote – les tribus étaient au nombre de trois. À Sparte, la cité dorienne par excellence, on trouvait les Hylleis, les Dymanes et les Pamphyloi. Le poète Tyrtée, qui vivait au VIIe siècle, évoque cette organisation et sa fonction essentiellement militaire. Cela semble indiquer, selon l'historien D. Roussel, que d'une part ces tribus, par leur nature, n'étaient pas différentes des tribus ioniennes, d'autre part que leur apparition était liée « à cette forme particulière de société politique qu'était la *polis* ». Dans les autres cités doriennes, on retrouve tantôt le même système tripartite et les mêmes noms, mais le plus souvent on constate, lorsque l'on dispose d'informations, une grande diversité, et parfois, comme à Sicyone ou à Argos, une quatrième tribu.

2.1.3 Les modifications de l'organisation tribale

On le voit, la répartition des membres de la communauté civique n'est pas une donnée simple et claire. Elle se complique encore si l'on tient compte du fait que, au cours de la période archaïque, des modifications intervinrent dans l'organisation tribale de certaines cités. On a déjà évoqué le cas d'Athènes et la création des dix tribus clisthéniennes, unités territoriales qui se réclamaient certes d'un ancêtre fictif, mais étaient appelées à remplir des fonctions différentes de celles des tribus primitives, en particulier à assurer le « mélange », pour reprendre l'expression d'Aristote, entre les différentes composantes du corps civique athénien. Elles allaient par ailleurs constituer le cadre à l'intérieur duquel se déroulerait la vie politique des Athéniens, puisque toute l'organisation de la cité et ses institutions étaient désormais fondées sur l'organisation décimale établie par Clisthène. Comme l'écrit encore D. Roussel, elles furent pour les Athéniens « des écoles de civisme et de sociabilité ».

2.2 La phratrie

Elle pose en apparence moins de problèmes, car les phratries sont attestées dans nombre de cités dès le début de l'époque archaïque, et semblent par là même être une forme de groupement constitutif de la cité : c'est en effet par l'admission à la phratrie que l'on devenait membre de la communauté civique. Le mot phratrie vient de *phrater*, terme d'origine indo-européenne qui évoque une relation de parenté (*frater* en latin, frère en français). Mais, très tôt, en grec, la parenté biologique a été désignée par le terme *adelphos*, alors que *phrater* se rapportait à ce que les anthropologues appellent la parenté classificatoire. De fait, les phratries apparaissent comme des groupements de « familles », mais aussi et surtout comme des groupements intégrés dans l'organisation de la cité. C'est évidemment pour Athènes que nous disposons des informations les plus nombreuses pour ce qui est des fonctions de la phratrie à l'époque classique. Antérieures à la réforme clisthénienne, les phratries se maintinrent, ce qui indique bien l'importance de leurs fonctions.

À l'époque classique, les phratries jouaient un rôle essentiel dans tous les actes liés à la vie du citoyen : naissance, initiation des adolescents, mariage, adoption, funérailles. En outre, bien que n'étant pas organisées autour d'un culte qui aurait été commun à tous les membres de la phratrie, elles étaient cependant le cadre d'une des fêtes les plus importantes du calendrier religieux, la fête des Apatouria, où l'on honorait Zeus Phratrios et Athéna Phratria. L' admission dans la phratrie conditionnait l'appartenance à la communauté civique, pour les hommes comme pour les femmes.

On sait qu'il existait des phratries ailleurs qu'à Athènes, à Chios, Milet, Ténos et Délos, cités ioniennes comme Athènes, et qui célébraient également la fête des Apatouria. Mais on ne saurait préciser davantage leurs fonctions. En tout cas, pour ce qui est d'Athènes, les phratries constituaient de façon évidente l'un des cadres qui structuraient la communauté civique.

2.3 Le dème

Avec le dème, nous abordons une réalité plus concrète et, surtout, sur laquelle notre information est beaucoup plus précise au moins pour ce qui concerne Athènes. Depuis les réformes de Clisthène en effet, le dème était la circonscription territoriale de base, et l'inscription sur les registres du dème l'acte par excellence d'accès à la citoyenneté. Il y avait à Athènes environ une centaine de dèmes. Chaque Athénien faisait suivre son nom de celui de son dème (démotique). L'appartenance au dème était héréditaire. À l'origine, lors du découpage primitif, chaque Athénien avait été inscrit dans le dème où il résidait et où se trouvaient ses biens patrimoniaux. Mais avec le développement de la cité et l'élargissement du corps civique – encore qu'après Clisthène il n'y ait pas eu d'attribution collective du droit de cité, sauf en faveur des Platéens après la destruction de leur cité au début de la guerre du Péloponnèse – mais surtout avec la plus grande mobilité du sol à partir du IVe siècle, la coïncidence entre l'appartenance à un dème et la localisation des biens patrimoniaux cessa d'être absolue. On connaît, au IVe siècle, des Athéniens riches, possédant des biens dans différents dèmes et résidant généralement en ville, sans pour autant appartenir à un dème urbain. Il importe enfin de rappeler une fois de plus le caractère particulier, et sans doute, au moins à l'origine, exceptionnel de la citoyenneté athénienne, qui n'était pas liée, du moins depuis la fin du VIe siècle, à la possession d'un bien-fonds. Pour ces citoyens sans terre, plus encore que pour les autres, l'appartenance au dème n'était pas nécessairement liée au lieu de résidence effectif.

Le dème avait ses assemblées, ses magistrats, dont le plus important était le démarque. Il jouait un rôle essentiel dans la désignation des candidats lors du tirage au sort des magistratures, et dans la désignation des bouleutes. Sans être à proprement parler un cadre de la vie religieuse civique, le dème intervenait dans la désignation des citoyens appelés à organiser les grandes fêtes et, s'il se trouvait un sanctuaire sur son territoire, participait au culte du héros ou du dieu auquel ce sanctuaire était consacré.

Tels étaient les cadres qui structuraient la communauté civique. Il nous faut maintenant définir les voies qui permettaient d'accéder à cette communauté.

3. La naissance

C'est évidemment la naissance qui est la principale voie d'accès à la communauté civique. Aussitôt se pose une question particulièrement importante, celle de l'appartenance des femmes à cette communauté.

3.1 La condition féminine dans la cité

On a précédemment défini la cité comme une communauté de citoyens, c'est-à-dire d'hommes se partageant le pouvoir de décision. Or, les femmes ne sont pas des « citoyennes », au sens où l'entendaient les Grecs, puisqu'elles ne participent pas à ce qui est l'essence même de la citoyenneté. Mais en même temps, elles jouent un rôle important dans la transmission de cette citoyenneté, ce qui implique leur appartenance à la communauté civique. Ici encore, c'est à partir de l'exemple athénien qu'il nous faut raisonner. La tradition ancienne attribuait à Périclès, l'homme qui domine la vie politique de la cité au ve siècle, une loi qui aurait défini les conditions d'accès à la citoyenneté : il fallait être né de parents « citoyens ». On s'est beaucoup interrogé sur les raisons qui amenèrent Périclès à faire adopter cette loi en 451 av. J.-C. On l'a mise en relation avec une distribution de blé et avec le souci de limiter le nombre des bénéficiaires. On y a vu aussi, de la part de l'homme qui incarnait le triomphe de la démocratie, l'intention de mettre fin à des pratiques répandues dans les familles aristocratiques, celles de s'unir avec des femmes étrangères, et de constituer ainsi des réseaux de solidarité extérieurs à la cité. De fait, les deux hommes les plus en vue de l'histoire d'Athènes durant la première moitié du ve siècle, Thémistocle et Cimon, étaient nés de mères étrangères, et Périclès lui-même comptait parmi ses ancêtres du côté maternel la fille du tyran de Sicyone. Quoiqu'il en soit de l'origine de cette loi, la conséquence en était que l'appartenance à la communauté civique concernait autant les femmes que les hommes, même si elle se traduisait de façon différente, puisque les femmes étaient exclues des lieux où se prenaient les décisions et étaient juridiquement des mineures.

3.2 Le mariage, fondement de la société civique

La femme était en effet dans l'étroite dépendance de son mari, à partir du moment où celui-ci l'avait reçue des mains de son père ou de son tuteur. Le seul mariage légitime était celui qui unissait un citoyen à une fille de citoyen. Toute autre union n'était pas reconnue en droit, et les enfants nés d'un père athénien et d'une mère étrangère à la communauté civique étaient tenus pour des *nothoi*, des bâtards, n'avaient pas droit à l'héritage paternel et ne pouvaient être comptés parmi les citoyens. Il faut cependant se garder de croire que cette loi fut scrupuleusement respectée au cours des deux siècles de l'apogée d'Athènes. Périclès lui-même n'hésita pas à faire admettre comme son fils légitime l'enfant qu'il avait eu de la fameuse Aspasie, sa maîtresse, au demeurant une étrangère puisqu'elle était originaire de Milet. À la fin de la guerre du Péloponnèse, qui, aux dires de l'historien Thucydide, fut marquée par le recul de l'esprit civique, il fallut rétablir la loi qui était tombée en désuétude. Encore prit-on soin de ne pas donner à la loi ainsi renouvelée un caractère rétroactif, probablement en raison de ce que, la guerre ayant entraîné une diminution sensible des citoyens, on ne pouvait se priver des fils nés d'un père athénien, même si la mère n'appartenait pas à la communauté civique. Dans le courant du IVe siècle, la loi demeura en vigueur mais, à travers les plaidoyers qui nous sont parvenus, on devine que les moyens de la tourner existaient toujours ; ainsi s'explique que l'on ait dû parfois opérer une révision des listes civiques, ce qui – un plaidoyer de Démosthène nous l'apprend – se faisait dans le cadre du dème.

3.3 Le citoyen à Athènes

À Athènes donc étaient citoyens les enfants nés d'un père citoyen et d'une mère fille de citoyen, unis en légitime mariage. Deux termes en grec désignaient le citoyen, *astos* et *politès*. *Astos* était employé au féminin, *astè*, pour désigner la femme de naissance athénienne. En revanche, le féminin de *politès*, *politis*, n'apparaît que très rarement. On a donc supposé qu'*astos* désignait celui qui appartenait à la communauté athénienne, tandis que *politès* désignait l'Athénien en tant qu'il était impliqué dans l'activité politique.

Ainsi, les femmes faisaient partie de la communauté civique, mais étaient exclues de la communauté politique. L'enfant né de deux parents *astoi* était, une dizaine de jours après sa naissance, présenté par son père aux membres de la phratrie à laquelle il appartenait. Cette présentation à la phratrie tenait lieu, en l'absence d'état civil, de reconnaissance paternelle. L'inscription sur les registres du dème avait lieu beaucoup plus tard. Si l'on en croit l'auteur de la *Constitution d'Athènes*, c'est seulement à l'âge de dix-huit ans que les jeunes gens nés de deux parents athéniens étaient inscrits au nombre des démotes : « Au moment de l'inscription, les démotes, après serment, décident par un vote : premièrement, s'ils ont l'âge exigé par la loi – en cas de décision contraire, ils retournent parmi les enfants ; deuxièmement, s'ils sont de condition libre et de naissance légitime. Celui que les démotes repoussent par leur vote, comme n'étant pas de condition libre, peut faire appel au tribunal ; le dème de son côté élit cinq membres pour soutenir l'accusation. Si le tribunal décide qu'en effet il n'a pas le droit de se faire inscrire, l'État le fait vendre ; si, au contraire, il gagne son procès les démotes sont tenus de l'inscrire » (XLII,1). À l'époque de la composition de la *Constitution d'Athènes*, les jeunes gens, après leur inscription, devaient pendant deux ans suivre une sorte d'entraînement militaire, avant d'accéder, à l'âge de vingt ans, à la communauté politique proprement dite. Cette période de deux ans, l'éphébie, représentait l'adaptation aux réalités de la cité d'anciens rites d'initiation qui faisaient passer les éphèbes de l'adolescence à la condition de citoyens de plein droit. Telle était, brièvement résumée, la manière dont on héritait de la citoyenneté à Athènes à l'époque classique.

3.4 Le citoyen hors d'Athènes

Qu'en était-il ailleurs ? Nous manquons singulièrement d'informations sur ce point. Mais on peut supposer que dans nombre de cités, singulièrement à partir du IVe siècle, les conditions requises pour qu'une naissance soit légitime et donne accès à la citoyenneté étaient les mêmes qu'à Athènes. Toutefois, Aristote, dans la *Politique*, affirme que dans certaines cités la citoyenneté du père était seule prise en compte, ce qui permettait aux *nothoi* d'accéder à la condition de citoyens de plein droit, et qu'il y avait même des cités démocratiques où la citoyenneté de la mère seule suffisait. Mais il ne donne aucun exemple concret sur ce point. Tout au plus se contente-t-il de remarquer que de telles dispositions étaient circonstancielles, liées au manque de citoyens de naissance légitime et à ce que les Grecs appelaient l'*oliganthropie*, et que, dès qu'il y avait abondance de population, on éliminait «d'abord ceux qui [étaient] fils d'un esclave ou d'une esclave, puis ceux qui [étaient] citoyens par les femmes, et enfin on ne donn[ait] la citoyenneté qu'à ceux dont les parents [étaient] tous deux citoyens» (III, 1278/*a*).

4. Les autres voies d'accès à la citoyenneté

La naissance était donc la principale voie d'accès à la citoyenneté. Cependant, il en était d'autres, légales ou illégales.

4.1 L'accession à la citoyenneté par voie légale

Ici encore, bien entendu, c'est Athènes qui nous servira d'exemple, singulièrement pour l'accession à titre individuel.

4.1.1 Attribution du droit de cité à des individus

Nous sommes assez bien informés sur la manière dont le droit de cité pouvait être attribué à un non-Athénien, grâce à des inscriptions et à un plaidoyer figurant parmi les œuvres de Démosthène, bien qu'il ne soit pas de lui, mais d'un certain Apollodore, dont le père avait précisément bénéficié de cette faveur. Laissons-lui la parole : « Il y a d'abord une loi imposée au peuple : il lui est interdit de faire Athénien quiconque n'a pas mérité par d'éminents services envers Athènes de devenir citoyen ; en outre, une fois que le peuple a consenti et octroyé ce privilège, il faut, pour que celui-ci ait force de loi, qu'il soit confirmé à l'assemblée suivante par six mille Athéniens au moins votant au scrutin secret. Les prytanes sont chargés de placer les urnes et de remettre les jetons de vote au fur et à mesure des entrées, avant que les étrangers ne pénètrent et que les barrières ne soient enlevées. Il faut que chacun juge en toute indépendance et en son for intérieur si celui dont il s'apprête à faire un citoyen est digne de la faveur qu'il va recevoir » (*Contre Nééra*, 89-90). La loi prévoyait également la possibilité d'attaquer le décret comme illégal, si le bénéficiaire n'était pas digne d'accéder à la qualité de citoyen. Une autre disposition interdisait qu'un citoyen nouvellement admis pût remplir une haute fonction ou un sacerdoce civique, et c'est seulement à la deuxième génération et à condition d'être né d'une Athénienne donnée en légitime mariage que le fils du nouveau citoyen, du *neopolitès*, jouissait de la plénitude des droits civiques. On voit par là combien l'Athènes démocratique était jalouse du droit de cité et avec quelle parcimonie il était accordé à titre individuel.

4.1.2 Attribution collective du droit de cité

Le droit de cité était encore plus exceptionnellement accordé collectivement. On a déjà évoqué le cas des Platéens qui reçurent la citoyenneté athénienne après la destruction de leur cité par les Lacédémoniens au début de la guerre du Péloponnèse : ceux qui avaient échappé au massacre furent accueillis à Athènes et répartis dans les dèmes et les tribus. Le décret insiste sur le caractère exceptionnel de cette mesure. De fait, lorsque, à la fin de la guerre du Péloponnèse et après l'échec de la révolution oligarchique, la démocratie fut restaurée, le peuple refusa la proposition du démocrate Thrasybule de donner le droit de cité aux métèques qui l'avaient aidé dans sa lutte contre les oligarques. Et c'est seulement un peu plus tard qu'un décret limita l'attribution collective de la citoyenneté aux seuls métèques qui avaient participé à la libération de la forteresse de Phylè. Après cette date, et compte tenu qu'il s'agissait de circonstances exceptionnelles, il n'y eut plus d'attribution collective du droit de cité.

4.2 L'accession à la citoyenneté par voie illégale

4.2.1 Individuellement

On a déjà eu l'occasion d'évoquer la possibilité de fraudes, qui permettaient à un non-citoyen de se faire admettre dans le corps civique. Un plaidoyer du IVe siècle est à cet égard révélateur, qui rappelle en particulier de quelle manière un étranger riche pouvait acheter le témoignage de gens qui viendraient devant le tribunal se prétendre de sa parenté. On ne saurait douter en effet que, en dépit des dispositions légales rigoureuses et des risques graves encourus (réduction à la condition d'esclave), de telles fraudes étaient possibles, sinon fréquentes, à Athènes.

4.2.2 Collectivement

Mais il s'agit là de cas individuels. Collectivement, l'acquisition du droit de cité par voie illégale était la conséquence de bouleversements politiques. Aristote, dans la *Politique*, évoque cette possibilité, mais ne donne comme seul exemple que celui de Clisthène qui « incorpora dans les tribus beaucoup d'étrangers et d'esclaves résidant à Athènes ». Il est possible – on l'a déjà dit – que pour pouvoir imposer ses réformes, Clisthène ait en effet fait entrer dans le corps civique des éléments étrangers que le développement de la cité à l'époque des Pisistratides avait attirés à Athènes.

Ces *néopolitai* auraient été répartis par lui dans les dèmes et les tribus nouvellement créés, et l'usage du démotique aurait permis de ne pas les distinguer des autres Athéniens. En fait, il s'agit là, pour ce qui est d'Athènes, d'un exemple unique. En revanche, l'attribution du droit de cité à des étrangers et à des esclaves à la suite d'une révolution apparaît comme le corollaire de l'établissement d'une tyrannie, ce régime que le monde des cités grecques avait connu aux VIIe et VIe siècles, et qui réapparaît un peu partout au IVe siècle. Dans les sources anciennes, le tyran est présenté comme celui qui, pour s'emparer du pouvoir, promet le partage des terres et l'abolition des dettes, et qui s'appuie non seulement sur les éléments les plus pauvres du *démos*, mais également sur les esclaves dont il fait des *néopolitai*. L'exemple le mieux connu d'une telle pratique est, au IVe siècle, celui du tyran Denys de Syracuse. L'historien Diodore de Sicile nous apprend en effet que, devenu maître de la grande cité sicilienne en 406, Denys confisqua les biens de ses ennemis et distribua une partie des biens confisqués à des esclaves affranchis, qui furent appelés *néopolitai*. D'autres tyrans à la même époque firent de même, tel le fameux Cléarchos d'Héraclée Pontique, qui non seulement libéra les esclaves de ses adversaires et en fit des citoyens, mais encore contraignit les femmes et les filles des riches Héracleotes à s'unir à leurs anciens esclaves. C'est aussi ce que fit, un siècle et demi plus tard, le tyran Nabis de Sparte dont l'historien Polybe dit qu'il «exila les citoyens, affranchit les esclaves, leur donna en mariage les femmes et les filles de leurs maîtres». Le cas de Sparte cependant est un peu particulier, et déjà quelques années auparavant, le roi Cléomène avait, pour reconstituer son armée – dans un climat il est vrai de troubles et d'agitation – fait accéder à la citoyenneté spartiate des périèques, ces Lacédémoniens libres mais étrangers au groupe fermé des «Égaux» et soumis à leur tutelle.

On aimerait évidemment pouvoir préciser davantage ce qu'il en était dans d'autres cités. Il faudrait évoquer aussi le cas des cités du monde «colonial», et singulièrement de la Sicile, où non seulement à Syracuse au temps de Denys, mais à peu près partout, l'appartenance à la communauté civique était beaucoup plus fragile et aléatoire. Comme l'historien Thucydide le fait dire à Alcibiade à la veille de l'expédition de Sicile en 415 : «Les cités y sont très peuplées, mais de masses hétérogènes, et changement ou nouvelles admissions de citoyens s'y opèrent facilement. Par suite, nul n'ayant le sentiment qu'il s'agit de sa vraie patrie, ne s'y est procuré ni armes pour se défendre personnellement ni une installation régulière pour sa vie dans le pays» (VI, 17, 2-3). Alcibiade opposait implicitement cette situation à celle d'Athènes, dont la communauté civique était stable.

Et c'est bien aussi pourquoi c'est à Athènes surtout que nous pouvons nous faire une idée de ce qu'était le «métier» de citoyen.

Documents

Les critères d'accès à la citoyenneté : la naissance

On définit dans l'usage le citoyen celui qui est né de deux parents citoyens et non d'un seul, son père ou sa mère ; d'autres remontent même plus haut, par exemple jusqu'à deux ou trois aïeux, ou davantage encore. En face d'une telle définition d'ordre politique et concise, certains se posent la question : et ce troisième ou quatrième aïeul, comment sera-t-il citoyen ? Gorgias de Leontinoi, peut-être moitié conscient de la difficulté, moitié par ironie disait : « Les ustensiles faits par les fabricants de mortiers sont des mortiers, et de même sont des Larisséens les citoyens « fabriqués » par leurs « démiurges », car certains de ces magistrats sont des « fabricants » de Larisséens ». Mais la chose est bien simple : si ces aïeux participaient au pouvoir politique dans le sens de la définition donnée, ils étaient citoyens, car la définition du citoyen comme « né d'un citoyen et d'une citoyenne » ne saurait s'appliquer aux premiers habitants ou fondateurs d'une cité.

Aristote, *Politique*, III, 1275 *b* 20-35, trad. J. Aubonnet,
éd. Les Belles Lettres.

L'inscription dans le dème à Athènes

Prennent part à la *politeia* ceux qui sont nés de parents ayant tous deux le droit de cité. Les jeunes gens sont inscrits au nombre des démotes à l'âge de dix-huit ans. Au moment de l'inscription, les démotes, après serment, décident par un vote : premièrement s'ils ont l'âge exigé par la loi – en cas de décision contraire ils retournent parmi les enfants ; deuxièmement s'ils sont de condition libre et de naissance légitime. Celui que les démotes repoussent par leur vote, comme n'étant pas de condition libre, peut faire appel au tribunal ; le dème de son côté élit cinq de ses membres pour soutenir l'accusation. Si le tribunal décide qu'en effet il n'a pas le droit de se faire inscrire, l'État le fait vendre ; si au contraire il gagne son procès, les démotes sont tenus de l'inscrire. Cela fait, le Conseil soumet les inscrits à un examen, et s'il décide que l'un d'eux n'a pas atteint l'âge de dix-huit ans, il met à l'amende les démotes qui l'ont inscrit.

Pseudo-Aristote, *Constitution d'Athènes,* XLII, 1-2, trad. G. Mathieu et B. Haussoulier, éd. Les Belles Lettres.

Un exemple de radiation des listes civiques

À peine mon nom fut-il appelé qu'il bondit à la tribune et se met à me calomnier, parlant vite, d'abondance et à grands cris – vous l'avez vu faire – sans produire un témoin à l'appui de ses accusations, ni parmi les démotes, ni parmi les autres Athéniens ; et il invite l'assemblée à m'exclure. Je demandai que l'affaire fût renvoyée au lendemain, parce qu'il était tard, que je n'avais personne pour m'assister et que j'étais pris de court : ainsi il pourrait développer son accusation à loisir et produire des témoins s'il en avait ; quant à moi, je pourrais présenter ma défense en assemblée plénière et fournir le témoignage de mes parents ; et quelle que fût la sentence de l'assemblée, j'étais prêt à l'accepter. Mais il ne tint aucun compte de ma proposition et fit immédiatement distribuer les jetons de vote aux démotes présents, sans me permettre aucune défense, sans organiser un débat contradictoire. Ses acolytes s'élancèrent au vote. Il faisait nuit, chacun reçut d'Euboulidès deux, trois jetons qu'ils jetèrent dans l'urne : ce qui le montre bien c'est que, les votants n'étant pas plus de trente, on compta plus de soixante suffrages, à la stupéfaction générale. En preuve que je dis vrai, que le vote n'a pas eu lieu en assemblée plénière et qu'il y eut plus de suffrages que de votants, je vais fournir des témoignages. À vrai dire, Athéniens, je n'ai pu avoir comme témoins aucun de mes amis ni des autres Athéniens parce qu'il était tard et que je n'avais convoqué personne ; mais je peux recourir au témoignage de ceux-là mêmes qui m'ont exclu injustement. Ils ne pourront pas nier les faits que j'ai mis par écrit à leur intention.

Démosthène, *Contre Euboulidès,* 11-14, trad. L. Gernet, éd. Les Belles Lettres.

La femme et le mariage

L'état de mariage se reconnaît à ce qu'on procrée des enfants à soi, à ce qu'on introduit ses fils dans la phratrie et dans le dème, à ce qu'on donne ses filles en mariage comme étant les siennes propres. les courtisanes, nous les avons pour le plaisir ; les concubines pour les soins de tous les jours ; les épouses pour avoir une descendance légitime et une gardienne fidèle du foyer.

Pseudo-Démosthène, *Contre Nééra*, 122, trad. L. Gernet, éd. Les Belles Lettres.

3

LE «MÉTIER» DE CITOYEN

Dans la cité grecque antique, être citoyen ne signifiait pas seulement faire partie d'une entité «nationale», mais aussi participer à une vie commune. Cette vie commune se manifestait sur un triple plan : le plan politique d'abord, c'est-à-dire la prise de décisions impliquant la communauté tout entière ; le plan militaire ensuite, c'est-à-dire la défense de cette même communauté contre toute attaque venue de l'extérieur ; le plan religieux enfin, c'est-à-dire la relation entre les membres de la communauté et les dieux dont ils attendaient bienfaits et protection. La participation des citoyens à ces trois plans de leur vie commune était soumise à des critères qui variaient d'une cité à l'autre, cependant que les femmes, si elles étaient exclues de la vie politique et militaire, participaient en revanche à la vie religieuse.

On s'étonnera peut-être que la vie économique ne figure pas parmi ces domaines de l'activité civique. Il faut d'abord préciser les raisons de cette absence.

1. CITOYENNETÉ ET VIE ÉCONOMIQUE

C'est là un problème qui a suscité de nombreux débats parmi les historiens contemporains. Il faut essayer d'en définir les termes.

1.1 Le rapport à la terre

On a évoqué précédemment le lien entre la citoyenneté et la possession du sol civique. Partout, dans le monde grec, la propriété de la terre reste le privilège du citoyen. Même dans une cité comme Athènes où, depuis

Clisthène au moins, il n'est pas nécessaire d'être propriétaire pour être citoyen, seuls les citoyens peuvent posséder la terre. Il faut une décision exceptionnelle de l'assemblée pour accorder le droit d'*enktésis*, – le droit d'acquérir de la terre – à un étranger. C'est dire que, dans la plupart des cités grecques, les citoyens sont en majorité des propriétaires, exploitant directement leur bien-fonds, ou se contentant d'en percevoir les revenus. Bien entendu, entre le petit paysan, qui cultive un ou deux hectares dans les collines, et le grand propriétaire, vivant des revenus du travail servile, tel celui que Xénophon met en scène dans l'*Économique*, il y a une différence de condition sociale. Mais, dans l'Athènes démocratique, l'un et l'autre sont au même titre membres de la communauté civique. Ailleurs, cette inégalité du régime de la propriété a pu déboucher sur des crises graves, voire entraîner, au IVe siècle, de véritables révolutions accompagnées d'un nouveau partage des terres. Mais, partout, se retrouve le même lien entre terre et citoyenneté, et même lorsque, comme à Athènes, il existe des citoyens sans terre, celle-ci n'en est pas moins perçue davantage comme le symbole même de la cité, que comme ce qu'en termes modernes on appellerait un « moyen de production ».

1.2 Artisans et citoyens

Le statut de l'artisanat est tout à fait différent. On a déjà évoqué l'interdit qui pesait dans certaines cités sur les activités artisanales auxquelles il fallait, comme à Thèbes, avoir renoncé au moins depuis dix ans pour faire partie du corps civique. À Athènes, en revanche, on pouvait être artisan et citoyen. Dans un passage des *Mémorables* de Xénophon, le philosophe Socrate décrivait l'assemblée du peuple comme composée de « foulons, de cordonniers, de forgerons, de laboureurs et de marchands ». Mais même à Athènes, et *a fortiori* ailleurs, l'artisanat n'était pas le fait des seuls citoyens. Les étrangers – à Athènes les métèques – étaient nombreux parmi les céramistes, les travailleurs de la pierre ou des métaux. Les comptes de construction de certains monuments de l'Acropole, l'Érechthéion en particulier, sont à cet égard révélateurs. On voit que travaillaient côte à côte, sur un même chantier et pour un même salaire, citoyens, métèques et esclaves, ces derniers ne conservant de leur salaire que de quoi pourvoir à leur entretien. L'activité économique professionnelle était donc étrangère aux cadres qui structuraient la cité.

1.3 La cité et l'activité marchande

Et cela était plus vrai encore de l'activité marchande. Il y avait bien à Athènes des citoyens qui gagnaient leur vie en tenant boutique sur l'agora ou en prêtant de l'argent à des commerçants. Mais le commerce et les échanges, s'ils étaient protégés par les lois de la cité afin d'assurer l'honnêteté des transactions, et s'ils étaient pourvoyeurs de revenus sous forme de taxes prélevées à l'entrée et à la sortie des ports (au Pirée, mais aussi à Corinthe et dans toutes les grandes cités maritimes), se trouvaient le plus souvent entre les mains d'étrangers à la communauté civique, de ces marchands venus de Syrie, d'Égypte, de Phénicie, ou encore de certaines cités à vocation marchande comme l'avait été Phocée jusqu'à sa destruction par les Perses, comme l'était encore Marseille au début du IVe siècle.

Par là même, on le voit – et abstraction faite du travail de la terre, davantage perçu comme une relation à la nature et aux dieux – les activités économiques, même si, concrètement, elles assuraient la subsistance des citoyens, ne tenaient qu'une faible part dans la définition de la citoyenneté, intégrées qu'elles étaient à des stuctures dominées par le politique.

2. L'ACTIVITÉ POLITIQUE DU CITOYEN

L'activité politique est en effet, par définition, l'activité première du citoyen dans le monde des cités grecques. Cette activité, toutefois, n'a pas toujours la même ampleur ni les mêmes caractères selon que le régime de la cité, sa *politeia*, est démocratique ou oligarchique.

2.1 L'activité politique du citoyen dans une démocratie

Dans la *Politique*, le philosophe Aristote définit le citoyen comme celui qui « participe à l'exercice des pouvoirs de juge et de magistrat », précisant aussitôt qu'il inclut parmi les magistratures *(archai)* celle de membre de l'assemblée, ceci afin de rendre sa définition valable pour toutes les formes de *politeia*, et singulièrement pour la démocratie.

2.1.1 L'assemblée du peuple

De fait, dans l'Athènes démocratique des Vᵉ et IVᵉ siècles, tous les citoyens peuvent participer aux séances de l'assemblée du peuple, qui se réunit quarante fois par an, quatre fois par prytanie, c'est-à-dire cette période de 35 ou 36 jours où les cinquante bouleutes d'une des dix tribus clisthéniennes siègent en permanence. L'assemblée du peuple est souveraine et débat sur les propositions qui lui sont soumises par le Conseil, ou Boulè, de cinq cents membres désignés chaque année à raison de cinquante par tribu. N'importe quel membre de l'assemblée peut demander la parole et proposer un amendement à la proposition du Conseil. Après discussion, le projet et ses amendements sont soumis au vote de l'assemblée. La décision est prise à la majorité des votants, le vote se faisant à mains levées. Il y a là pour les modernes un véritable problème : comment pouvait-on compter les voix de façon assurée, surtout lorsque, comme ce fut le cas pendant la guerre du Péloponnèse à propos du sort qui devait être réservé aux gens de Mytilène, le vote était acquis à une faible majorité ? Il faut imaginer une conscience élevée des enjeux de la part de ces milliers d'Athéniens qui se pressaient sur les gradins de la colline de la Pnyx où se tenaient les séances de l'assemblée du peuple. On s'est interrogé sur le nombre de citoyens qui assistaient aux séances. Pour le IVᵉ siècle, on a évalué à 8000 ou 9000 personnes la capacité de ces gradins. On sait par ailleurs que certains votes exigeaient un quorum de six mille votants. Nous reviendrons plus loin sur ce problème de la participation effective des citoyens aux assemblées. Il reste qu'elles rassemblaient normalement plusieurs milliers de personnes, la composition des présents variant en fonction des circonstances, de la saison (les paysans se déplaçaient moins souvent au moment des travaux agricoles, ou l'hiver quand les routes étaient impraticables), des questions débattues.

Le vote acquis, le décret était alors gravé sur une pierre et exposé pour que chacun puisse en prendre connaissance. On a retrouvé des centaines de décrets émanant de l'assemblée athénienne débutant par la formule « il a plu au *démos* et à la Boulè… ». Le nom de l'auteur de la proposition, ceux des auteurs d'éventuels amendements étaient mentionnés, afin que, si la mesure se révélait désastreuse ou si elle était contraire aux lois, on puisse s'en prendre au responsable. Toute une série de procédures judiciaires étaient prévues à cet effet.

Les décisions de l'assemblée portaient aussi bien sur la politique extérieure que sur les affaires intérieures, les constructions publiques, l'institution d'un impôt de guerre exceptionnel, l'introduction d'un nouveau culte. Au Ve siècle, la présence à l'assemblée n'était pas rétribuée. Mais, à partir du IVe siècle fut institué un salaire, le *misthos ecclesiasticos*, qui, de ce fait, assimilait la participation aux séances de l'assemblée à une fonction comparable à celle de juge au tribunal de l'Héliée ou de membre du Conseil.

2.1.2 L'Héliée

La tradition attribuait à Solon la création du tribunal populaire de l'Héliée. En fait, on sait seulement que son rôle devint important à partir du moment où, en 461, lui furent attribuées par le démocrate Éphialte les fonctions appartenant jusque-là au conseil aristocratique de l'Aréopage. Les héliastes étaient recrutés chaque année par tirage au sort parmi les citoyens de plus de trente ans, qui devaient prêter serment de ne pas porter atteinte à la Constitution et à la propriété. C'est parmi les héliastes que, par un nouveau tirage au sort, étaient constitués les tribunaux qui avaient à juger souverainement tant des causes privées que des causes publiques, tout Athénien pouvant porter une accusation contre quiconque était considéré comme menaçant les lois ou n'ayant pas rempli la mission qui lui avait été confiée par un vote populaire. C'est pour les héliastes qu'avait été institué par Périclès le premier *misthos*, le salaire rétribuant la présence aux séances du tribunal. Dans sa comédie intitulée *Les Guêpes*, le poète Aristophane raille la manie de juger des Athéniens qui, pour toucher le salaire de trois oboles (environ la moitié du salaire d'un ouvrier travaillant sur un chantier de constructions publiques), se précipitaient dès le matin lorsqu'un tribunal était constitué, avec l'espoir d'être tirés au sort.

2.1.3 Le Conseil des Cinq-Cents

C'est dans le même temps, ou peut-être quelques années plus tard que la *misthophorie*, la rétribution d'une activité publique, fut étendue aux membres du Conseil (Boulè) des Cinq-Cents. Les bouleutes recevaient cinq oboles par jour de séance, et une drachme (six oboles) lorsqu'ils exerçaient pendant un dixième de l'année la fonction de prytane. Les prytanes, c'est-à-dire les cinquante bouleutes d'une même tribu qui siégeaient en permanence pendant 35 ou 36 jours, présidaient les séances de l'assemblée, mettaient les propositions à l'ordre du jour et, sous la présidence de l'épistate désigné chaque jour, assuraient en quelque sorte le gouvernement de la cité.

2.1.4 Les magistratures

Les magistrats étaient désignés chaque année, par élection ou par tirage au sort. Les magistratures n'étaient pas accessibles à tous les citoyens, soit parce que des conditions de cens étaient exigées, soit parce que, de fait, il fallait pouvoir se consacrer entièrement pendant une année aux affaires de la cité. Il est vraisemblable que la misthophorie fut étendue à certaines d'entre elles. Mais les magistratures les plus importantes, en particulier celles de stratège et de trésorier, n'étaient pas rétribuées et, de ce fait, étaient réservées aux citoyens de condition aisée, à cette minorité de « riches » qui vivaient en rentiers des revenus de leurs terres et de leurs ateliers. Ceci posé, la misthophorie permettait à un grand nombre de citoyens de participer à la vie politique. Elle traduisait en même temps le fait que la citoyenneté n'était pas seulement un statut, mais une fonction. La misthophorie faisait l'objet de nombreuses critiques de la part des adversaires de la démocratie qui l'accusaient de favoriser l'oisiveté de la masse des citoyens athéniens. Elle semble en tout cas avoir été caractéristique de la démocratie athénienne.

2.2 L'activité politique du citoyen dans une oligarchie

Les Grecs appelaient oligarchie les régimes dans lesquels le pouvoir *(l'archè)* était réservé à des gens peu nombreux *(oligoi)*. Malheureusement, nous connaissons très mal les institutions des cités oligarchiques, et nous ne pouvons nous en faire une idée qu'à travers quelques inscriptions, les analyses d'Aristote dans la *Politique* et ce que nous savons des institutions spartiates grâce à Xénophon et à Plutarque. Une cité oligarchique se caractérisait d'abord par le fait que la citoyenneté était réservée à certaines catégories sociales, les propriétaires fonciers, ou les riches, quelle que fût la nature de leur fortune, ou peut-être aussi les « bien nés ». Mais elle se caractérisait également par le fait que cette citoyenneté fondée sur des critères restrictifs n'impliquait pas nécessairement que ceux qui étaient qualifiés pour la posséder exerçaient un pouvoir réel. Autrement dit, s'il existait des assemblées, celles-ci ne se réunissaient que rarement, et ne détenaient pas l'autorité souveraine réservée généralement à un conseil restreint. C'était le cas à Sparte, où l'assemblée des Spartiates, l'*apella*, pouvait être dissoute par le conseil des Anciens, la *gérousia,* dont elle se bornait à ratifier les décisions. L'historien Xénophon évoque même, à propos d'un complot qui faillit bouleverser le système politique spartiate, l'existence d'une « petite assemblée » qui aurait, dans des circonstances dramatiques pour la cité, tenu lieu d'assemblée des citoyens, tout en ne réunissant qu'une minorité d'entre eux. Ailleurs, par exemple dans les cités de la Confédération béotienne, c'est le conseil qui prenait les décisions importantes, et l'assemblée des citoyens n'avait qu'un rôle passif. Le recrutement de ces conseils variait d'une cité à l'autre. Parfois ils étaient formés par les magistrats sortis de charge (ainsi dans les cités crétoises) ; le plus souvent, ils étaient élus ou cooptés, mais parfois aussi la charge de conseiller était héréditaire. À Corinthe, le conseil de quatre-vingts membres déléguait une partie de son autorité à un conseil plus restreint de huit *probouloi.* Dans les cités béotiennes, le Conseil se divisait en quatre sections qui siégeaient chacune pendant un quart de l'année. La réunion des quatre sections formait le corps souverain, l'assemblée des citoyens ayant un rôle à peu près nul.

Par conséquent, on voit que le « métier » de citoyen dans les cités oligarchiques ne concernait qu'une minorité parmi ceux qui possédaient la capacité civique. Cette minorité pouvait être statutairement définie, comme c'était le cas dans certaines cités, ou au contraire plus floue, variant au gré des élections. Mais, partout, la prise de décisions échappait à la plus grande partie de ceux qui faisaient partie de la communauté civique.

3. L'activité militaire du citoyen

3.1 La cité des hoplites

Parmi les critères qui définissaient l'appartenance à la communauté civique dans les cités oligarchiques, le plus généralement répandu était la capacité hoplitique, c'est-à-dire la possibilité de se procurer l'équipement, la panoplie, du fantassin lourd. On a évoqué plus haut les conséquences de ce que certains historiens ont appelé « la révolution hoplitique », c'est-à-dire l'adoption par les cités grecques, à l'époque archaïque, de la formation en phalange. Les soldats revêtus de l'armure, du casque et des jambières, tenaient en mains la lance et le bouclier rond que l'on voit sur les représentations figurées. Ils étaient alignés sur plusieurs rangs, souvent quatre. Le combat consistait à bousculer la phalange adverse, afin de rester maître du terrain. Au cours du VIIe siècle, les rangs de la phalange, au départ réservés aux seuls membres de l'aristocratie, s'ouvrirent à tous ceux qui pouvaient se procurer des armes, ce qui ne contribua pas peu au développement de l'idée d'égalité. Car, quelle que fût leur naissance ou leur fortune, tous les hoplites étaient semblables, et lors du partage du butin, tous avaient droit à la même part.

Dans la *Politique*, Aristote évoque avec une certaine nostalgie cette « cité des hoplites » qui lui apparaissait comme le meilleur régime possible. C'était là d'ailleurs un thème répandu dans la littérature politique grecque, et l'historien Xénophon prête à un orateur athénien des propos affirmant que la citoyenneté devait être réservée à ceux qui étaient capables de défendre la cité avec leur bouclier. La « cité des hoplites » par excellence, dans l'imaginaire des Grecs, était Sparte. Les Spartiates en effet étaient, théoriquement au moins, des soldats et seulement des soldats, puisque non seulement toute autre activité leur était interdite, mais qu'en outre ils étaient astreints à une vie de « caserne » pendant la plus grande partie de leur vie. Dans nombre d'autres cités grecques, au moins au Ve siècle, citoyenneté et capacité hoplitique allaient de pair : entre l'armée et la cité, il y avait homologie complète.

3.2 Le cas d'Athènes

Il n'est pas impossible qu'il en ait été de même à Athènes avant les réformes soloniennes, et peut-être même encore durant tout le VIe siècle. Il est intéressant par exemple de rappeler que, lorsque Pisistrate se fut emparé définitivement du pouvoir, son premier soin consista à « désarmer » les citoyens. Et si avec Clisthène la définition de la citoyenneté cessa d'être liée à des critères restrictifs, l'armée des hoplites n'en demeura pas moins le symbole de la cité, comme l'atteste le rôle de la phalange athénienne lors de la bataille de Marathon. Ce sont précisément les guerres Médiques qui allaient modifier l'équilibre et donner à la fonction militaire du citoyen un autre contenu.

En effet, c'est par la flotte que la victoire fut acquise, et c'est sur la flotte qu'allait, dans les décennies suivantes, reposer la puissance athénienne. Or, ceux qui ramaient sur les trières n'avaient rien d'autre à fournir que la force de leurs bras. Dès lors, les citoyens les plus pauvres, ceux qui formaient la classe des thètes, la quatrième classe de la répartition que la tradition attribuait à Solon, participaient au même titre que les citoyens des troix premières classes à la défense de la cité. L'homologie entre citoyen et soldat était maintenue, mais dans un contexte différent de celui de la cité des hoplites, puisqu'elle était étendue à ceux qui n'avaient pas la capacité hoplitique.

De cette homologie, on a une illustration, particulièrement dans un épisode qui se déroula pendant la guerre du Péloponnèse. À la suite de la grave défaite subie par les Athéniens en Sicile, les adversaires de la démocratie s'emparèrent du pouvoir en 411 et proclamèrent l'établissement d'une constitution oligarchique. Lorsque les délégués venus d'Athènes rejoignirent l'armée et la flotte athénienne, qui étaient alors cantonnées à Samos, pour faire part de la nouvelle aux soldats et aux marins, ceux-ci se révoltèrent, destituèrent leurs stratèges prêts à se rallier à l'oligarchie. Puis, ils désignèrent de nouveaux stratèges parmi ceux de leurs officiers, et même parmi de simples soldats, dont les sentiments démocratiques étaient connus. En agissant ainsi, ils affirmaient bien haut qu'ils représentaient la cité tout entière, et que leur assemblée avait même valeur que l'assemblée qui se tenait sur la Pnyx. C'est là un exemple particulièrement frappant de cette identification entre le citoyen et le soldat, et de l'importance de la participation à la guerre dans la vie du citoyen. Cela explique aussi, ce dont témoignent les récits des historiens anciens, le fait que le stratège qui commandait une expédition était d'abord un magistrat de la cité, et non un professionnel de la guerre, et, comme tel, se devait de rendre des comptes à ses soldats.

3.3 Les limites de l'activité militaire du citoyen

Si le citoyen spartiate était, jusqu'à soixante ans, un soldat mobilisé en permanence, c'était là un cas unique, et peut-être aussi, tant tout ce qui concerne Sparte est enveloppé de mystère, une simple vue de l'esprit. En effet, si l'armée et le corps civique se confondaient, les citoyens n'étaient pas en permanence des soldats. D'une part, on ne faisait pas la guerre toute l'année, et les campagnes se déroulaient seulement pendant la belle saison. Le soldat citoyen par ailleurs était souvent un paysan, soucieux de regagner son champ au moment des travaux agricoles à la fin de l'été et au début de l'automne. Enfin et surtout, on ne mobilisait jamais la totalité des citoyens. Certes, on pouvait être mobilisé jusqu'à un âge avancé au moins pour assurer la défense du territoire. Mais, lorsque nous possédons des indications chiffrées sur les contingents mobilisés à l'occasion d'une expédition, on constate que ces chiffres sont assez modestes. Par exemple, lors de la fameuse expédition de Sicile qui débuta au printemps 415, le nombre des citoyens mobilisés s'éleva à 2200 (1500 hoplites et 700 épibates, c'est-à-dire soldats de marine) sur un total d'environ 35000 citoyens. Et au moment de la lutte contre Philippe, Démosthène évaluait à mille le nombre des Athéniens qu'il faudrait envoyer contre le roi de Macédoine. Cela s'explique par le caractère relativement modeste de ces expéditions. Cela s'explique aussi par le fait que, très tôt, les citoyens ont cessé de former à eux seuls l'armée. À Sparte par exemple, on mobilisait les périèques et même parfois d'autres catégories parmi les habitants de la

Laconie, y compris des hilotes. De même, à Athènes, les métèques, les étrangers résidents, étaient mobilisés, et si leur fortune le leur permettait, servaient comme hoplites. Au début de la guerre du Péloponnèse, l'historien Thucydide mentionne les métèques parmi les hoplites affectés à la garde des murs. Enfin, et singulièrement à partir de la guerre du Péloponnèse, les cités grecques recoururent au service de mercenaires, soldats de métier spécialisés dans une technique particulière, tels les archers crétois.

Il n'en reste pas moins que l'armée des cités grecques n'était pas un corps spécialisé, mais se confondait avec l'ensemble du corps civique. Cela explique que les chefs de cette armée étaient des magistrats, élus pour une année, certes rééligibles, mais tenus de rendre compte de leur gestion, et dont les fonctions ne se limitaient pas aux seules affaires militaires. C'est comme stratège que Périclès, réélu quinze années consécutives, dirigea la politique d'Athènes jusqu'à sa mort en 429. Mais d'autres ne remplissaient les fonctions de stratège qu'une seule fois dans leur vie et, après avoir commandé l'armée, pouvaient redevenir simples soldats l'année suivante. Sparte seule faisait exception, une fois de plus, qui remettait le commandement suprême de son armée à l'un des deux rois qui régnaient conjointement. En fait, cependant, c'étaient aussi des stratèges dont nous ignorons le mode de recrutement, qui commandaient l'armée spartiate de façon effective, tel le fameux Brasidas pendant la guerre du Péloponnèse, ou encore le navarque Lysandre, le vainqueur de la flotte athénienne à Aigos-Potamos en 405. Quant aux navires de la flotte athénienne, ils étaient commandés par des triérarques, c'est-à-dire des hommes pris parmi les citoyens les plus riches, qui fournissaient les agrès et les équipements des navires de guerre, et quelquefois aussi assuraient le recrutement des équipages.

On le voit, l'homologie entre le citoyen et le soldat, et la place de la guerre dans le « métier » de citoyen donnaient aux armées des cités grecques un caractère bien particulier et original, sans rapport avec ce que nous avons coutume de placer sous ce vocable.

4. L'ACTIVITÉ RELIGIEUSE DU CITOYEN

4.1 La religion grecque, une religion civique

Pour bien comprendre en quoi la religion interférait avec le « métier » de citoyen dans la Grèce antique, il importe d'abord de définir les caractères de cette religion. C'était une religion polythéiste, dont le panthéon s'était constitué au cours des siècles qui avaient suivi l'installation des Grecs dans la péninsule balkanique. Mais ce panthéon n'avait en rien une forme définitive, et il n'existait pas de dogme officiel. Les cités, on l'a vu, s'étaient souvent constituées autour de sanctuaires consacrés à l'une ou l'autre des divinités de ce panthéon, ou à des héros locaux. De ce fait, le lien était étroit entre le culte rendu aux divinités poliades et le fonctionnement de la cité. Tous les actes importants de la vie civique comportaient des sacrifices aux dieux protecteurs de la cité, et les fêtes en leur honneur relevaient des autorités civiques. Les magistrats de la cité présidaient à ces sacrifices et à ces fêtes, et une partie du budget de la cité était consacré à leur organisation. C'est également la cité qui décidait des constructions publiques en l'honneur des dieux, temples, autels, statues, etc... À Athènes par exemple, c'étaient les magistrats de la cité, et d'abord celui qui portait le titre de Roi, qui organisaient la procession des Grandes Panathénées, au cours de laquelle les citoyens montaient à l'Acropole pour offrir à la déesse protectrice de la cité, Athéna, le voile brodé auquel avaient travaillé des filles de citoyens. Sur la célèbre frise du Parthénon qui représente cette procession, on voit s'avancer en tête les principaux magistrats de la cité, suivis de cavaliers, de soldats en armes, de jeunes filles portant des corbeilles contenant les offrandes des citoyens à la déesse. De même, les fêtes en l'honneur de Dionysos, fêtes marquées par des processions et surtout des concours dramatiques, étaient l'occasion d'affirmer l'unité de la cité, et c'est au théâtre où se déroulaient ces représentations que les alliés d'Athènes venaient apporter le tribut destiné à assurer la défense commune. Il n'existait pas, pour accomplir les rites de cette religion civique, une classe sacerdotale qui fût distincte des autres membres de la communauté. Les prêtres étaient des magistrats comme les autres, élus ou tirés au sort, même si, pour certains cultes, il existait des prérogatives réservées aux membres de certaines familles aristocratiques. La vie religieuse était donc partie intégrante de la vie de la cité. Cela était vrai d'Athènes pour laquelle notre information est la plus riche. Mais cela était vrai aussi des autres cités grecques, et tout ce qui concernait la religion de la cité relevait des institutions civiques. Ainsi, à Athènes, c'était par décret de l'assemblée qu'étaient fixés le calendrier religieux, la nature des offrandes, la rétribution des prêtres, l'introduction de nouveaux cultes, etc.

4.2 La vie religieuse du citoyen

On a déjà évoqué les actes qui marquaient la légitimité et, par là même, l'accès à la citoyenneté du jeune enfant. Le père présentait son fils aux membres de sa phratrie au cours d'une cérémonie qui comportait un sacrifice et un banquet. La participation au banquet sacrificiel était, à l'époque archaïque, signe d'appartenance à la communauté civique. L'entrée dans l'adolescence du futur citoyen était marquée par des rites qui se déroulaient lors de la fête des phratries, la fête des Apatouries au cours de laquelle on honorait Zeus Phratrios et Athéna Phratria. Le jeune homme consacrait alors une partie de sa chevelure à Artémis. Le serment des éphèbes qui nous a été conservé par une inscription athénienne, témoigne que l'entrée dans la vie civique était également un acte religieux : on y évoquait d'anciennes divinités protectrices de la cité. Après avoir prêté ce serment, les éphèbes faisaient le tour des sanctuaires de l'Attique, et au cours des deux années de ce qui, à la fin du IVe siècle, peut être considéré comme une sorte de « service militaire », ils étaient présents à toutes les manifestations de la vie religieuse de la cité.

Devenu adulte, le citoyen se devait en effet de participer aux fêtes en l'honneur des dieux de la cité et des héros, ces mortels divinisés auxquels telle ou telle fraction du corps civique rendait un culte, dans le cadre de la tribu, du dème ou de diverses associations religieuses. Les citoyens les plus riches finançaient les dépenses occasionnées par ces fêtes : animaux pour les sacrifices, entraînement de chœurs pour les représentations dramatiques, banquets publics, etc... On appelait *liturgies* ces contributions, et ceux qui y étaient astreints rivalisaient de générosité et de munificence... non sans en espérer la reconnaissance de leurs concitoyens. Les citoyens étaient tenus de participer à ces fêtes au même titre qu'ils étaient tenus de participer à la vie politique, à Athènes au moins. C'est à Athènes aussi que, dans le cadre des fêtes en l'honneur de Dionysos, fut institué le *théorikon* ou fonds des spectacles, destiné à permettre à tous d'assister aux représentations dramatiques qui avaient lieu deux fois dans l'année, en janvier (Lénéennes) et à la fin du moi de mars (Grandes Dionysies). La présence au théâtre était bien une activité civique, et l'on a pu à juste titre dire des Grandes Dionysies qu'elles étaient « une véritable fête patriotique ».

4.3 Les femmes « citoyennes » et la religion

Mais un autre aspect de la religion civique mérite de retenir l'attention : la religion de la cité était en effet la seule activité proprement civique ouverte aux femmes et aux filles de citoyens. Ici encore, c'est l'exemple athénien qui nous retiendra. On a déjà évoqué les jeunes filles qui brodaient le voile offert à Athéna lors de la fête des Panathénées. D'autres activités de caractère religieux étaient également propres aux jeunes filles et même aux petites filles : par exemple les rites de la fête des Brauronies, consacrée à Artémis, et au cours de laquelle des petites filles revêtues d'une robe de couleur safran « faisaient l'ourse » au cours d'une cérémonie d'initiation dont bien des aspects nous échappent.

Mais ce sont surtout les femmes mariées qui participaient de façon active à la religion civique. Une fête en particulier leur était réservée, la fête des Thesmophories, en l'honneur de Déméter, fête qui se retrouve dans nombre de cités. À Athènes, elle se déroulait au mois d'octobre. Les femmes de citoyens se réunissaient sur la Pnyx, lieu des réunions de l'assemblée du peuple, et désignaient celles d'entre elles qui présideraient la fête. Le premier jour, les femmes transportaient sur les autels des objets consacrés l'année précédente. Le deuxième jour était un jour de jeûne, le troisième au contraire un jour de liesse, marqué par des sacrifices à la déesse et un grand banquet rituel réunissant les femmes qui avaient participé à la fête. Les hommes n'avaient pas le droit d'être présents, comme nous l'apprend une comédie du poète Aristophane, à l'exception sans doute du sacrificateur qui disparaissait dès son travail accompli. Un plaidoyer du IVe siècle révèle également le rôle qu'était amenée à jouer la femme de l'archonte-roi, l'un des principaux magistrats de la cité, lors de la fête des Anthestéries qui avait lieu à Athènes au mois de février. Elle était consacrée à Dionysos, et le second jour de la fête, la femme de l'archonte-roi, la reine, accomplissait des rites secrets « au nom de la cité », assistée de quatorze prêtresses et s'unissait au dieu – sans doute incarné par l'archonte-roi – dans un mariage sacré, une *hiérogamie*.

On pourrait citer encore d'autres exemples de cette intégration des femmes à la religion civique et de ce lien entre la vie religieuse et la « citoyenneté » féminine. On mesure par là en tout cas les limites de l'exclusion des femmes par rapport à la vie de la cité et à la définition de la citoyenneté.

Le « métier » de citoyen était donc, théoriquement au moins, une activité à part entière, plus ou moins exclusive d'autres activités dans nombre de cités, conciliable avec une vie professionnelle dans une cité démocratique comme Athènes où, par ailleurs, la misthophorie atténuait les inégalités entre les citoyens. Il importe cependant, après avoir tenté de cerner les différentes manifestations de cet exercice de la citoyenneté, de s'interroger sur ce qu'il en était dans la réalité quotidienne des cités grecques, et surtout de replacer dans la diachronie cette analyse de l'activité civique.

Documents

Le meilleur citoyen

Nous avons jugé que, pour un « homme bien », il n'y avait pas de travail ni d'art supérieur à l'agriculture, d'où les hommes tirent leur subsistance. Ce travail, nous semblait-il, est le plus facile à apprendre et le plus agréable à pratiquer ; il donne à notre corps la plus grande beauté et la plus grande vigueur ; il laisse à notre esprit la liberté de nous occuper aussi de nos amis et de notre cité. Nous jugions aussi que l'agriculture contribue à stimuler la bravoure de ceux qui la pratiquent, en faisant pousser, en nourrissant, hors des remparts, ce qui sert à notre subsistance. C'est aussi pourquoi ce genre de vie est particulièrement honoré par les cités : il semble former les citoyens les meilleurs et les plus dévoués à la communauté.

Xénophon, *Économique*, VI, 8-10, trad. P. Chantraine, éd. Les Bellles Lettres.

Un exemple de décret athénien

Sous l'archontat de Phrynichos, à la neuvième prytanie qui était celle de la tribu Leontis, pour laquelle Chairestratos, fils d'Ameinias d'Acharnes, était secrétaire ; parmi les présidents, mettait aux voix Ménestratos du dème d'Aixonè ; Eucratès, fils d'Aristotimos, du Pirée, a fait la proposition : à la bonne fortune du peuple d'Athènes ; plaise aux nomothètes ; si quelqu'un se révolte contre le peuple pour établir la tyrannie, s'il contribue à établir la tyrannie, s'il détruit le pouvoir du peuple d'Athènes ou la démocratie à Athènes, celui qui tuera l'homme coupable d'un de ces crimes ne sera pas souillé ; que parmi les conseillers du Conseil de l'Aréopage aucun n'ait le droit, au cas où le peuple ou la démocratie à Athènes auraient été renversés, de se rendre à l'Aréopage non plus que de siéger en assemblée du Conseil ou de délibérer même sur une seule question ; si l'un des conseillers de l'Aréopage, une fois le peuple ou la démocratie renversés à Athènes, se rend à l'Aréopage ou siège en assemblée du Conseil ou délibère sur quoi que ce soit, il sera déchu de ses droits civiques, lui et sa descendance, sa fortune sera confisquée et la dîme sera versée à la déesse ; que le secrétaire du Conseil fasse transcrire cette loi sur deux stèles de pierre et les place l'une à l'entrée de l'Aréopage, qui se trouve en entrant à la salle du Conseil, l'autre au lieu de réunion de l'assemblée du peuple ; pour la transcription sur les stèles, que le trésorier du peuple paie vingt drachmes prises au chapitre des sommes dépensées par le peuple par décrets.

Loi votée en 337 / 6, trad. J. Pouilloux, *Choix d'inscriptions grecques*, éd. Les Belles Lettres, Paris, 1960.

La révolte des soldats athéniens en 411

Les soldats, pour leur part, tinrent sur le champ une assemblée qui destitua les stratèges précédents et tous les triérarques suspects, puis nomma à leur place d'autres triérarques et stratèges, parmi lesquels Thrasybule et Thrasyllos. Les hommes y prenaient la parole pour s'encourager mutuellement, disant entre eux qu'il ne fallait pas s'inquiéter que la cité eût rompu avec eux ; car, par rapport à eux, c'était une minorité qui s'était détachée d'une majorité mieux pourvue à tous égards. Puisqu'ils possédaient en effet l'ensemble de la flotte, ils pourraient tout d'abord obliger les autres cités de l'empire à fournir l'argent exactement comme s'ils avaient Athènes pour centre... ; et en second lieu, possédant la flotte, ils pouvaient mieux que les gens de la ville se procurer le nécessaire. Seule justement, leur position avancée à Samos avait permis aux Athéniens de disposer jusque-là de l'accès du Pirée, et maintenant eux-mêmes, si les autres refusaient de leur rendre le droit de cité, allaient se trouver en position de pouvoir les chasser de la mer plus que d'en être chassés par eux. En outre, l'aide que la ville leur apportait pour vaincre l'ennemi était mince et sans intérêt ; ils n'avaient rien perdu, avec des gens qui n'avaient plus d'argent à leur envoyer – les soldats devaient s'en procurer eux-mêmes – ni de décision valable à leur mander ; or précisément, c'est pour cela que l'État commande aux armées.

Sous ce rapport, même, les autres avaient commis la faute d'abroger les lois traditionnelles tandis qu'eux les sauvegardaient et tenteraient de forcer les autres à y revenir ; ainsi l'armée n'était pas non plus inférieure quant aux hommes susceptibles de proposer des décisions valables.

Thucydide, VIII, 76, 2-6, trad. J. de Romilly,
éd. Les Belles Lettres.

L'activité religieuse du citoyen

Comme il était naturel du moment qu'il existait des enfants de sa fille, jamais il n'a offert un sacrifice sans nous ; qu'il fût petit ou grand, toujours nous y assistions et y participions. Et ce n'est pas à ces seules cérémonies qu'il nous conviait ; mais il nous conduisait toujours aux Dionysies des champs ; nous assistions aux représentations avec lui, assis à côté de lui, et nous allions chez lui pour célébrer toutes les fêtes. Lorsqu'il sacrifiait à Zeus Ktésios, sacrifice auquel il donnait un soin particulier, où il n'admettait ni esclaves ni hommes libres étrangers à la famille, mais où il faisait tout de ses propres mains, nous y participions, nous touchions avec lui aux victimes et les déposions avec lui sur l'autel ; avec lui nous accomplissions tous les rites, et il demandait pour nous la santé et la prospérité, comme il est naturel d'un grand-père... Ce ne sont pas ces faits seulement qui mettent en évidence que notre mère était fille légitime de Kiron, mais encore la conduite de notre père et l'attitude des femmes du dème envers elle. Quand notre père la prit en mariage, il offrit un repas de noces et y invita trois de ses amis en même temps que ses proches ; il donna aussi aux membres de sa phratrie un banquet solennel, conformément à leurs statuts. Les femmes du dème, dans la suite, choisirent notre mère avec la femme de Dioklès de Pithos pour présider aux Thesmophories et accomplir avec celle-ci les cérémonies d'usage.

Isée, VIII, 15-16 ; 18-19, trad. P. Roussel,
éd. Les Belles Lettres.

4

CITOYENS « ACTIFS » ET CITOYENS « PASSIFS »

À la fin du chapitre 2, a été évoqué le cas de gens qui, bien que membres de la communauté civique, étaient, du fait de leur pauvreté ou de l'exercice d'une activité professionnelle décriée, exclus de ce qu'un historien contemporain a appelé la « communauté politique », le groupe de ceux qui avaient le droit de participer à la vie politique, fût-ce de façon discontinue, comme c'était le cas dans les cités oligarchiques. Il nous faut maintenant revenir à ce problème, à partir d'exemples concrets. Pour ce faire, nous utiliserons un concept qui n'existe pas vraiment dans le vocabulaire grec, celui de citoyens « passifs », par lequel on désignait, dans la France de l'époque révolutionnaire et du XIXe siècle, ceux des Français qui, bien qu'appartenant à la communauté nationale, étaient exclus de l'exercice effectif des droits politiques. Mais nous étendrons ensuite ce concept à ceux qui, tout en étant possesseurs de la citoyenneté à part entière, choisissaient délibérément de se tenir à l'écart de l'activité politique.

L'exclusion relevant d'un système oligarchique a déjà été analysée, nous n'y reviendrons pas. Plus intéressants sont les cas d'exclusion frappant des gens préalablement membres de la communauté politique. Ce sont ces cas que nous examinerons d'abord.

1. La privation des droits politiques

La privation des droits politiques, c'est-à-dire du droit de participer à la vie politique et aux prises de décision, pouvait être soit le fait d'une décision de justice, soit le résultat d'une révolution.

1.1 L'atimie

Le terme d'*atimie* semble avoir recouvert deux types d'exclusion de la participation à la vie politique. Dans son emploi le plus ancien, il signifie que le citoyen qui avait été frappé de cette peine devenait une sorte de hors-la-loi qu'on pouvait tuer impunément et dont on pouvait saisir les biens. Mais, très vite, dès la fin du VIe siècle, et au moins à Athènes, l'atimie avait pris un sens moins radical : être frappé d'atimie signifiait pour un citoyen la perte de ses droits politiques et l'exclusion des sanctuaires de la cité.

L'*atimos* n'avait plus le droit de siéger à l'assemblée, dans les tribunaux et ne pouvait prétendre remplir une quelconque magistrature. Mais il ne cessait pas de faire partie du corps civique et, de ce fait, par exemple, son union avec une Athénienne était légitime, et ses biens lui demeuraient acquis. Deux problèmes se posent à propos de l'atimie : était-elle héréditaire et quelles étaient les fautes qui pouvaient l'entraîner ?

Sur le premier point, il semble que l'atimie ait été une condamnation à vie, mais qui portait sur le seul coupable, à l'exclusion de ses descendants. Dans un seul cas, cependant, l'atimie pouvait être héréditaire : s'il s'agissait d'un débiteur public, d'un citoyen qui ne s'était pas acquitté d'une amende à lui infligée par un tribunal ou qui n'avait pas, en tant que fermier d'un impôt, versé les sommes qu'il avait recueillies. Dans ce cas, et s'il mourait avant d'avoir payé sa dette, l'atimie retombait sur ses héritiers, mais cessait sans doute lorsque ceux-ci avaient acquitté la dette. En dehors de ces cas d'endettement, les autres fautes qui pouvaient entraîner l'atimie étaient d'ordre divers, les unes relevant des offenses privées (mauvais traitements, violences sexuelles, dissolution du patrimoine, etc.), les autres des offenses publiques (corruption des juges lors d'un procès, faux témoignages, condamnations répétées pour avoir fait des propositions illégales).

Il semble aussi qu'il ait existé des formes d'atimie partielle. L'exemple que l'on cite toujours à ce propos est celui des citoyens qui avaient servi dans l'armée restée à Athènes au moment de la révolution oligarchique de 411 : ils furent condamnés à ne plus prendre la parole au sein de l'assemblée, tout en conservant le droit d'assister aux séances. D'autres cas d'atimie partielle sont énumérés par l'orateur Andocide, comme par exemple l'interdiction d'intenter une action devant les tribunaux, ou de pénétrer sur l'agora. Mais de nombreuses obscurités subsistent sur les diverses procédures qui aboutissaient à cette privation de certains droits politiques.

1.2 Les révolutions politiques

C'est encore l'histoire d'Athènes qui nous permet de comprendre comment des citoyens pouvaient être privés de leurs droits politiques, tout en demeurant membres de la communauté civique. Trois moments de cette histoire sont à retenir : la révolution oligarchique de 411, le gouvernement des Trente, et la *politeia* adoptée en 322 sous la pression du général macédonien Antipatros.

1.2.1 La révolution de 411

En 411, après le grave échec subi par les Athéniens en Sicile, les adversaires de la démocratie, profitant du désarroi qui régnait dans la cité, s'emparèrent du pouvoir à Athènes et promulguèrent une constitution nouvelle qui réservait à cinq mille citoyens, sur les trente cinq mille que comptait alors la cité, l'exercice des droits politiques. On a déjà vu comment l'affaire échoua, du fait de la réaction des marins et des soldats cantonnés à Samos qui destituèrent leurs stratèges et refusèrent d'entériner les événements qui s'étaient déroulés à Athènes. Privés de l'appui de la flotte et d'une partie de l'armée, les oligarques ne purent se maintenir et la démocratie fut restaurée. Mais nous savons par le discours d'un orateur contemporain qu'on avait déjà commencé à dresser le catalogue de ceux qui auraient conservé la pleine citoyenneté. Les autres n'auraient sans doute pas perdu leur qualité d'Athéniens, mais seraient devenus des citoyens « passifs ».

1.2.2 Le gouvernement des Trente

En 405, Athènes subissait une grave défaite navale à Aigos-Potamos devant la flotte lacédémonienne. Cette défaite mettait fin à la guerre qui depuis plus d'un quart de siècle opposait les deux grandes cités et leurs alliés respectifs. Tandis que le navarque spartiate Lysandre bloquait le Pirée, les oligarques s'emparaient une nouvelle fois du pouvoir, remettant à trente citoyens le soin d'élaborer une nouvelle constitution. Celle-ci ne vit jamais le jour, les Trente ayant pendant quelques mois fait régner la terreur à Athènes, avant que leurs dissensions internes ne facilitent le retour des démocrates. Mais le projet prévoyait cette fois que l'exercice des droits politiques serait réservé à trois mille citoyens seulement, les autres étant exclus de la *politeia*. L'orateur Lysias, qui avait aidé les démocrates à rentrer à Athènes, donne à cette exclusion un sens absolu, allant jusqu'à dire que ceux qui n'auraient pas fait partie des Trois Mille auraient été « privés de leur patrie ». En fait, si de nombreux démocrates quittèrent la cité, c'était à la fois pour fuir les menaces qui pesaient sur eux et pour aider au rétablissement de la démocratie. Celle-ci restaurée, il y eut encore une tentative pour réserver le droit de participer à la vie politique aux seuls propriétaires de biens-fonds. Le projet fut repoussé, mais s'il avait été accepté, un cinquième environ des citoyens se serait trouvé privé des droits politiques.

1.2.3 Le décret de 322

En 323, à l'annonce de la mort d'Alexandre, les Athéniens, entraînant avec eux quelques autres États grecs, déclenchèrent une guerre contre le général macédonien Antipatros, à qui Alexandre avait confié son royaume avant d'entreprendre son expédition asiatique. Les Grecs furent battus et en 322 les Athéniens durent accepter la présence d'une garnison macédonienne au Pirée et l'établissement d'un régime censitaire : pour participer à la vie politique, il fallait posséder un bien d'une valeur d'au moins deux mille drachmes. Cela aurait eu pour effet d'exclure de la citoyenneté active plus de la moitié des Athéniens. Selon Plutarque, écrivain de la fin du Ier siècle de notre ère, une partie des exclus émigrèrent en Thrace. C'est que, en ces dernières décennies du IVe siècle, l'exclusion de la vie politique signifiait pour les plus pauvres la perte des avantages matériels de la citoyenneté : les différents *misthoi*, les distributions du *théorikon*, les soldes pour ceux qui servaient sur la flotte. C'est probablement la perte de ces avantages matériels qui, plus que la privation de la participation aux affaires publiques, était durement ressentie par la majorité des exclus, dans la mesure où, comme nous allons le voir, la vie politique était de plus en plus entre les mains d'une minorité de « politiciens ».

2. Le désintérêt pour la vie politique

C'est là en effet un problème qui semble s'être posé à Athènes, seule cité sur laquelle nous sommes, une fois encore, suffisamment informés. Le problème est un de ceux qui ont suscité le plus de débats et de controverses chez les modernes. Essayons d'en dégager les différents aspects.

2.1 Démocratie et participation

On a vu précédemment ce qu'impliquait l'établissement à Athènes d'un régime démocratique : la participation aux assemblées où se prenaient les décisions engageant la communauté tout entière. Ceci posé, dans quelle mesure cette participation était-elle effective ? On sait qu'il fallait pour certains votes, par exemple au Ve siècle pour engager la procédure d'ostracisme, et également pour attribuer le droit de cité, un quorum de six mille votants. Nous n'avons aucune indication précise concernant le nombre de citoyens que comptait Athènes à l'époque classique. Le seul recensement connu, datant de la fin du IVe siècle, fait état de 21000 citoyens. Mais on pense généralement qu'à la veille de la guerre du Péloponnèse, le nombre des Athéniens était compris entre 35 et 40000, et au début du IVe siècle le chiffre de 30000 est donné à la fois par le philosophe Platon et le poète Aristophane. C'est-à-dire que, le plus souvent, moins d'un sixième des citoyens participait effectivement aux séances de l'assemblée. Toutefois, cela n'impliquait pas que les cinq sixièmes restant se désintéressaient des affaires de la cité. D'abord, parce que la composition de l'assemblée variait en fonction des circonstances, de la saison, des questions à l'ordre du jour. Cela étant, on peut supposer qu'il était plus facile aux gens de la ville qu'à ceux de la campagne de se rendre sur la Pnyx. Les nostalgiques des temps anciens se plaisaient à évoquer ce qu'un historien contemporain a appelé « la république des paysans », quand seuls les propriétaires d'un bien-fonds étaient citoyens et répugnaient à se rendre en ville à tout propos. Le poète Aristophane, l'un de ces nostalgiques, dénonçait les méfaits de l'institution du *misthos ecclésiasticos* qui attirait à l'assemblée une multitude de misérables venus seulement dans l'espoir de toucher les trois oboles qui leur permettraient de vivre sans rien faire. Il faut cependant rappeler que l'assemblée se réunissait normalement quarante fois par an et que, même s'il y avait en plus quelques réunions extraordinaires, cela ne permettait pas pour autant à un homme sans ressources – et qui n'aurait manqué aucune séance – de vivre. Il faut donc accepter avec prudence les critiques des adversaires de la démocratie, accusant les assemblées d'être à la fois anarchiques et toutes puissantes, dominées par une masse de pauvres et un jouet entre les mains des démagogues. Les nombreux décrets émanant de ces assemblées et qui sont parvenus jusqu'à nous, attestent le bon fonctionnement du système, et que la participation du *démos*, du peuple, aux prises de décision était une réalité. L'échec des deux révolutions oligarchiques de la fin du Ve siècle est une preuve de l'attachement de la majorité des citoyens au régime politique dont ils avaient conscience d'être l'élément moteur.

Cela dit, on ne peut nier que le degré de participation à la vie politique n'était pas le même pour tous. Ce qui conduit à poser le problème de l'existence d'une « classe politique ».

2.2 La classe politique

Si l'on en croit le philosophe Aristote, dans nombre de cités, la direction des affaires était en fait entre les mains d'une minorité, ceux à qui leur fortune et les loisirs dont ils disposaient permettaient de briguer les plus hautes magistratures. Dans le cas de la démocratique Athènes, où la rétribution des charges publiques permettait en principe à tous d'y accéder, il en allait un peu différemment, mais l'existence d'une classe politique n'en était pas moins une réalité.

2.2.1 Les classes soloniennes

Il importe ici de revenir sur la question déjà évoquée des « classes soloniennes ». D'après l'auteur de la *Constitution d'Athènes*, la répartition des citoyens en quatre classes en fonction de leur revenu aurait répondu d'abord au souci de réglementer l'accès aux magistratures. Ainsi, par exemple, seuls les citoyens des deux premières classes auraient pu accéder à l'archontat, qui ne se serait ouvert aux citoyens de la troisième classe, celle des zeugites, que dans le courant du Ve siècle. On a suggéré plus haut que le classement solonien répondait davantage à des préoccupations militaires et fiscales qu'au souci de réserver aux plus riches l'accès aux magistratures. Il est difficile en effet d'imaginer qu'un petit paysan, même appartenant à la classe des zeugites, ait pu sans dommage abandonner sa terre et ses champs pendant une année entière.

2.2.2 Le recrutement des hommes politiques

De fait, les hommes politiques des premières décennies du Ve siècle, dont les noms nous sont parvenus, appartenaient tous aux vieilles familles aristocratiques d'Athènes. C'était déjà le cas de Clisthène à la fin du siècle précédent. Cela reste vrai de Miltiade et de son fils Cimon, d'Aristide et de Thémistocle, et bien entendu de Périclès lui-même. Les listes d'archontes que nous possédons ne permettent pas toujours de se prononcer sur la condition sociale de ceux qui remplirent cette fonction au Ve siècle, mais on ne saurait mettre en doute leur appartenance à des milieux aisés. L'instauration de la misthophorie, si elle permit aux plus pauvres de siéger dans les tribunaux de l'Héliée, voire de servir la cité une année entière comme bouleutes, ne modifia pas profondément la situation. D'autant que si chacun pouvait prendre la parole dans les assemblées populaires, il n'est pas douteux que, de fait sinon de droit, seuls parlaient ceux que leur éducation avait rendus habiles dans l'usage de la parole, et qui étaient capables de s'imposer à une assemblée nombreuse. Ajoutons, en outre, le fait que les plus hauts magistrats, stratèges ou trésoriers, étaient élus, et que de ce fait jouait au moment de l'élection le poids des influences locales. C'est pourquoi d'ailleurs le tirage au sort était tenu pour un mode de recrutement plus démocratique. Mais ce tirage au sort se faisait sur des listes établies au niveau des dèmes et des tribus, et là aussi pouvaient intervenir le prestige personnel, la naissance ou la fortune. Certes, à Athènes plus qu'ailleurs, le recrutement des magistrats était relativement ouvert. Mais, au-delà des magistratures elles-mêmes, la direction des affaires publiques demeurait entre les mains d'une minorité d'hommes instruits, bien nés et généralement assez fortunés pour pouvoir faire état devant le *démos* de leurs largesses au bénéfice de la cité tout entière.

2.2.3 L'évolution de la classe politique

L'existence d'une classe politique semble donc évidente. Mais cette classe politique a évolué au cours des deux siècles de l'histoire de la démocratie athénienne. Jusqu'à la guerre du Péloponnèse, les hommes qui occupent le devant de la scène appartiennent tous ou presque à ces vieilles familles athéniennes qui déjà dominaient la cité au VIe siècle. À partir de la fin des années trente du ve siècle, on voit apparaître au premier plan des hommes issus d'un milieu un peu différent, n'ayant pas derrière eux d'ancêtres prestigieux, et qui tirent leurs revenus de l'exploitation d'ateliers artisanaux ou de concessions minières. C'est le cas, par exemple, des célèbres « démagogues » de la fin du siècle, brocardés par Aristophane et accusés par lui de ne pas savoir se tenir devant l'assemblée : ainsi le fameux Cléon, possesseur d'une tannerie ; Hyperbolos, le fabricant de vases ; le luthier Cléophon, ou encore le marchand de moutons Lysiclès. Tous ces hommes étaient des hommes riches, mais leurs liens avec le monde de l'artisanat ou du commerce les déconsidéraient aux yeux de ceux qui pensaient que de telles activités n'étaient pas dignes d'un homme libre.

On peut s'interroger sur les raisons de cette évolution de la classe politique, évolution qui s'affirme au siècle suivant, où presque tous les hommes politiques dont nous connaissons les noms viennent de ces mêmes milieux. Elle est certainement liée au fait que le développement de la cité au ve siècle a fait de l'argent une valeur de plus en plus appréciée. Pour équiper les navires de la flotte, pour organiser les grandes fêtes civiques, pour financer les expéditions lointaines, l'argent des riches devenait de plus en plus nécessaire, et peu importait l'origine de cette richesse. D'autant plus qu'un riche artisan disposait plus facilement de liquidités qu'un grand propriétaire foncier, souvent obligé d'hypothéquer ses biens pour faire face aux dépenses qu'exigeait la réussite d'une carrière politique. Ce n'est pas un hasard si de nombreuses bornes hypothécaires retrouvées sur le sol de l'Attique datent du ive siècle, et si les plaidoyers évoquent le cas d'hommes riches contraints d'hypothéquer leurs terres pour assurer une liturgie coûteuse.

L'évolution de la classe politique ne traduit donc pas une évolution de la société, comme on pourrait le supposer. En fait, propriétaires fonciers ou propriétaires d'ateliers d'esclaves étaient au même titre des rentiers. Seule la richesse demeurait sinon le critère, du moins le moyen nécessaire pour accéder à cette classe politique.

2.3 La passivité du *démos* : mythe ou réalité ?

De l'existence de cette classe politique, peut-on conclure que les débats dont sortaient les choix engageant la cité se ramenaient en fait à des luttes internes à cette classe ? C'est ce que certains historiens modernes ont parfois prétendu, en se fondant sur les rivalités personnelles attestées par nos sources, et sur les alliances qu'on devinait, formées autour de quelques « leaders ». Il semble toutefois excessif de ramener les conflits qui divisaient la cité à de simples luttes de factions et de groupes, luttes auxquelles la masse des citoyens se bornerait à assister passivement. Car, si des conflits personnels pouvaient opposer entre eux les membres de la classe politique – ceux que les textes désignent parfois par le terme de *politeuoménoi* – les choix sur lesquels les citoyens étaient appelés à se prononcer n'en étaient pas moins des choix politiques. On ne retiendra que deux exemples. À la veille de l'expédition de Sicile, un débat opposa devant l'assemblée Nicias, qui était hostile à ce qu'il tenait pour une aventure dangereuse, et Alcibiade, partisan, au contraire, d'une entreprise au cours de laquelle il espérait se couvrir de gloire. On peut admettre qu'entre les deux hommes existait une inimitié personnelle, liée à leurs différences d'origine et d'âge. Alcibiade appartenait à une famille aristocratique et était jeune. Nicias tirait ses revenus de l'exploitation des mines et frisait la cinquantaine. Mais, si le *démos* suivit Alcibiade, c'est parce que, comme le fait remarquer l'historien Thucydide, il escomptait tirer de l'expédition des avantages matériels. Il s'agissait donc bien d'un choix répondant aux intérêts de la majorité des citoyens.

Le second exemple est emprunté à l'histoire du IVe siècle. Il s'agit de l'adoption par l'assemblée du traité de paix conclu en 346 avec Philippe de Macédoine. Aux yeux de certains, dont Démosthène, ce traité méconnaissait les intérêts d'Athènes, menacés par la politique ambitieuse du Macédonien. Pour d'autres au contraire, parmi lesquels se trouvaient les adversaires personnels de Démosthène, il sauvegardait la paix nécessaire à l'équilibre intérieur de la cité. Le *démos* choisit la paix, et Démosthène fut contraint de s'y rallier et même d'en défendre le principe.

Les conflits qui opposaient les hommes politiques et dont témoigne en particulier le long duel entre Démosthène et Eschine à propos de l'attitude à adopter face à la menace macédonienne, n'impliquent donc pas nécessairement la passivité des citoyens devant les choix qui leur étaient soumis, puisque, en dernier ressort, ce sont leurs votes qui déterminaient l'orientation de la politique de la cité. Il reste cependant à se demander quelle part de réalité il y avait dans certaines affirmations des contemporains quant au désintérêt grandissant des citoyens pour les affaires publiques.

3. L'ÉVOLUTION DE LA CITOYENNETÉ AU IVe SIÈCLE

Il n'est pas douteux en effet que les bouleversements provoqués dans tout le monde grec par la guerre du Péloponnèse ont eu des répercussions dans le fonctionnement de la vie politique à l'intérieur des cités. Ici encore, bien entendu, il nous faut raisonner à partir de l'exemple athénien, mais il sera possible d'étendre certaines de nos conclusions à d'autres cités.

3.1 Les transformations des armées civiques

L'un des premiers signes de cette évolution au IVe siècle, c'est la disparition progressive des armées civiques. Déjà, pendant la guerre du Péloponnèse, la plupart des belligérants – y compris les Spartiates – avaient été contraints de faire appel à des armées de mercenaires, de soldats professionnels, étrangers à la cité. Au IVe siècle, le phénomène se généralise, lié au développement de nouvelles formes de combat qui s'apparentent plus à la guérilla qu'à l'affrontement hoplitique. Dans les armées des cités grecques, les corps d'infanterie légèrement armés prennent de plus en plus d'importance : l'hoplite citoyen fait place au peltaste mercenaire. Le recours aux mercenaires permet par ailleurs aux stratèges de mener des campagnes plus longues, sans avoir à se préoccuper d'être rentré pour les travaux agricoles. La guerre cesse d'être saisonnière. En outre, le stratège qui commande une armée de mercenaires n'a pas à craindre d'être jugé par ses soldats : tant qu'il peut les payer, ceux-ci lui obéissent. Le stratège devient lui-même un professionnel de la guerre, et l'on voit des généraux athéniens ou des rois spartiates se louer à des roitelets barbares ou à des satrapes perses pour pouvoir payer leurs soldats. Certes, il y a encore des corps d'hoplites citoyens, mais ils interviennent de moins en moins dans les campagnes lointaines. C'est ce dont se plaint Démosthène à Athènes : conscient des nouvelles conditions de la guerre, il n'en souhaite pas moins la présence d'un minimum de citoyens dans les expéditions envoyées par Athènes pour sauvegarder ses positions égéennes, des citoyens devant lesquels le stratège serait responsable, et n'aurait plus la possibilité d'agir à sa guise.

Par ailleurs, le recours de plus en plus général aux armées de mercenaires grevait lourdement le budget des cités. Et, si la cité n'était pas en mesure de financer les expéditions lointaines, ou bien ses armées se débandaient et passaient au service de qui pouvait les payer, ou bien le stratège était contraint de se livrer à des opérations de pillage et à des exactions pour garder ses soldats, ce qui entraînait souvent de graves difficultés pour la cité. La lente disparition du citoyen-soldat était donc lourde de conséquences. C'est sans doute la raison pour laquelle à Athènes on s'efforça, dans la seconde moitié du siècle – et peut-être seulement après la défaite de Chéronée sous l'impulsion de Lycurgue – de transformer l'éphébie en un véritable « service militaire », où tous les jeunes Athéniens, sans distinction, s'entraînaient non seulement à la tactique hoplitique, mais aussi aux formes de combat plus mobiles de l'infanterie légère. À Sparte, il faudra attendre le IIIe siècle pour que des rois réformateurs entreprennent une reconstitution de l'armée civique, devenue l'ombre d'elle-même, par une nouvelle distribution du sol.

3.2 Le caractère « professionnel » de la vie politique

L'une des conséquences du caractère de plus en plus professionnel des armées civiques était la nécessité pour la cité de disposer des moyens financiers nécessaires au paiement de ces armées. Dans le cas d'Athènes, cette nécessité était aggravée par les conséquences de la défaite subie par la cité à la fin de la guerre du Péloponnèse : la perte de l'empire et du tribut versé par les alliés, le ralentissement de l'exploitation des mines d'argent du Laurion et, peut-être aussi – au moins durant la première moitié du siècle – des échanges dont le Pirée était le centre, créaient un véritable problème financier pour la cité ; problème que la reconstitution en 378/7 d'une seconde confédération maritime autour d'Athènes ne permit pas de résoudre, puisque, dans l'acte constitutif de cette confédération, les Athéniens s'engageaient à ne pas lever de tribut sur leurs alliés.

C'est la raison pour laquelle on assiste tout au long du siècle à diverses tentatives pour organiser la levée de l'impôt de guerre, l'*eisphora*, en principe un impôt exceptionnel mais qui va tendre à devenir permanent, et pour réglementer également la liturgie la plus importante pour la cité, c'est-à-dire la triérarchie. À ces diverses tentatives sont associés les noms de quelques hommes, comme Callistratos et Eubule, plus tard Lycurgue, qui apparaissent comme des spécialistes des questions financières, et pour les deux derniers au moins, se trouvent à ce titre investis d'une magistrature de durée beaucoup plus longue que celle des magistratures annuelles habituelles : ainsi en est-il de la charge de « préposé au *théorikon* » pour Eubule, de « chargé de l'administration » pour Lycurgue. Dans le même temps que la guerre devenait un métier, l'administration de la cité tendait à évoluer d'une certaine forme d'autogestion à une gestion administrative plus spécialisée, faisant appel à des compétences précises. On comprend dès lors que le choix d'une politique financière pouvait être le fait de ces « spécialistes » plus que de la masse des citoyens, ce qui, par voie de conséquence, pouvait entraîner un plus grand désintérêt de ceux-ci pour des débats dont le détail leur échappait.

Est-ce là ce que voulaient dire des orateurs comme Démosthène ou Hypéride lorsqu'ils accusaient les simples citoyens, les *idiôtai*, de se préoccuper davantage de leurs affaires privées, *ta idia*, que de celles de la cité ? Il faut évidemment se garder de prendre à la lettre des arguments destinés à réveiller l'intérêt des auditeurs, de ceux qui se contentaient d'écouter sans intervenir. Il n'en reste pas moins qu'on ne saurait les négliger.

3.3 De nouveaux centres d'intérêt ?

Par ailleurs, la technicité accrue des débats n'explique peut-être pas seule ce désintérêt. La seconde moitié du IVe siècle est caractérisée à Athènes par une reprise de l'activité économique. Les mines du Laurion connaissent un regain d'exploitation, et le Pirée est de nouveau au cœur d'une activité marchande dont témoignent certains plaidoyers, activité marchande favorisée d'ailleurs par des mesures concrètes concernant les commerçants, en particulier les étrangers. On peut admettre que, pour des Athéniens de condition aisée, faire fructifier leur argent en louant une concession minière ou en prêtant de l'argent à des commerçants moyennant un taux d'intérêt élevé était une plus grande préoccupation que la prétendue menace macédonienne à laquelle, aux dires de Démosthène, ils ne croyaient guère. D'où leur désir de maintien à tout prix d'une paix nécessaire au bon développement de leurs affaires privées et qui leur laissait espérer une pression fiscale moins lourde. Mais, les « riches » n'étaient pas seuls à faire passer d'abord leurs intérêts privés devant ceux de la cité. Pour la masse des citoyens pauvres, la guerre ne signifiait plus des soldes et des espérances de butin, mais la privation des distributions du *théorikon*, dont un orateur comme Démosthène souhaitait affecter les fonds à une caisse militaire. Pour eux aussi, les querelles stériles auxquelles se livraient les orateurs, s'accusant mutuellement d'être vendus à Philippe, paraissaient bien vaines et, s'ils continuaient à se rendre aux assemblées pour ne pas perdre le bénéfice du *misthos*, ils demeuraient ces auditeurs passifs dont se plaignaient certains hommes politiques comme Démosthène.

Tout ceci vaut bien entendu pour Athènes, encore une fois la seule cité pour laquelle nous disposions d'une information plus précise et de témoignages contemporains. Mais, à travers les propos d'un Démosthène ou d'un Hypéride, on devine qu'il en allait de même ailleurs, et que ce désintérêt des citoyens pour les affaires publiques facilitait les intrigues d'un homme comme Philippe de Macédoine : il lui suffisait de gagner à sa cause quelques politiciens pour mettre la main sur une cité.

Peut-être est-ce là pousser un peu trop le tableau au noir ? Pourtant on ne saurait nier que, dans cette seconde moitié du IVe siècle, la citoyenneté traverse une crise. Certes, les institutions civiques continuent de fonctionner, et c'est même pour la fin du IVe et pour le IIIe siècles que nous possédons le plus d'informations concernant des cités autres qu'Athènes. Mais ces institutions civiques, dans un monde dominé par les grands royaumes issus des conquêtes d'Alexandre, sont vidées d'une partie de leur contenu, et la citoyenneté tend de plus en plus à n'être qu'un statut qui confère certes des avantages, mais n'implique plus pour le plus grand nombre une participation active.

Documents

L'exclusion des pauvres de la citoyenneté active en 322

Le peuple, qui n'était pas assez fort pour continuer la guerre, fut contraint d'accorder à Antipatros les pleins pouvoirs en matière de gouvernement... Celui-ci les traita avec humanité : il leur permit de conserver leur cité, leurs biens et tout le reste. Mais il modifia la constitution, abrogeant la démocratie et ordonnant d'instituer un régime censitaire : ceux qui possédaient plus de deux mille drachmes auraient le droit de prendre part à la vie politique et celui de voter. En revanche, il exclut de la vie politique tous ceux qui n'atteignaient pas le cens, comme autant de trublions et de fauteurs de guerre, les volontaires se voyant attribuer en Thrace un territoire à coloniser. Ces gens – ils étaient plus de douze mille – quittèrent ainsi leur patrie, tandis que ceux qui possédaient le cens fixé (neuf mille personnes environ) reçurent pleine et entière souveraineté sur la cité et le plat pays : ils se gouvernèrent selon les lois de Solon.

Diodore de Sicile, *Bibliothèque historique*, XVIII, 18, 3-5, trad. P. Goukowsky, éd. Les Belles Lettres.

Le vote de l'expédition de Sicile en 415

Tous furent pris d'une même fureur de partir : les hommes d'âge à la pensée qu'ou bien l'on soumettrait la contrée pour laquelle on s'embarquait, ou que, du moins, de puissantes forces militaires ne couraient aucun risque ; la jeunesse en âge de servir, dans le désir d'aller au loin voir du pays et apprendre, la confiance s'y joignant de revenir sain et sauf ; la grande masse des soldats, dans l'espoir de rapporter, sur le moment, de l'argent, et d'acquérir de surcroît une puissance qui leur vaudrait des soldes indéfinies.

Cet engouement du grand nombre faisait que ceux-là mêmes qui n'approuvaient pas craignaient, en votant contre, de passer pour de mauvais patriotes et se tenaient cois.

Thucydide, VI, 24, 3-4, trad. J. de Romilly,
éd. Les Belles Lettres.

La passivité du *démos* dénoncée par Démosthène

Je veux maintenant dire toute la vérité sur l'état de nos affaires, examiner à quoi se réduit notre activité et comment nous nous conduisons. Nous nous refusons à tout impôt sur la fortune et à faire campagne nous-mêmes, nous ne pouvons pas renoncer à vivre aux dépens de l'État, nous ne permettons pas à Diopeithès de lever les tributs, nous n'approuvons pas non plus qu'il se procure des ressources par lui-même, nous le chicanons, nous demandons ce qu'il va exécuter et avec quoi, et ceci et cela ; et tout en le critiquant ainsi, nous ne voulons rien faire de ce qui est proprement notre devoir à nous. Nous louons, il est vrai, les discours de ceux qui tiennent un langage digne de la cité ; mais dès qu'il faudrait agir, nous sommes les alliés de leurs adversaires. Vous, chaque fois qu'un orateur monte à la tribune, vous lui demandez : « Que faut-il donc faire ? » Moi, je veux vous demander : « Que faut-il donc dire ? » Car, si vous n'êtes disposés ni à contribuer, ni à faire campagne vous-mêmes, ni à renoncer aux distributions d'argent, ni à donner à Diopeithès le produit des taxes, ni à lui permettre de se procurer par lui-même les moyens de vivre, ni à faire ce qui vous regarde, alors je n'ai plus rien à dire. En vérité, quand vous accordez toute licence à ceux qui veulent accuser et calomnier, au point qu'ils peuvent prêter à ce général tel projet qu'il leur plaît pour lui en faire un crime par avance, et que vous les écoutez… Que voulez-vous que j'en dise ?

Démosthène, *Sur les affaires de la Chersonèse*, 21-23, trad. M. Croiset,
éd. Les Belles Lettres.

Citoyens « actifs » et citoyens « passifs »

Si je vous dis franchement quelques vérités, Athéniens, je ne crois pas que vous ayez lieu de vous en fâcher. Réfléchissez un instant. Vous voulez que le franc-parler sur tout autre sujet soit le droit pour tout le monde dans notre cité ; vous l'accordez même aux étrangers, et qui plus est, aux esclaves ; et, de fait, on pourrait voir chez vous beaucoup de serviteurs qui disent tout ce qu'ils veulent plus librement que les citoyens ne le font dans d'autres cités. Mais ce franc-parler, c'est de la tribune que vous l'avez chassé. Qu'en résulte-t-il ? C'est que dans les assemblées vous vous délectez à vous entendre flatter par des discours qui ne visent qu'à vous plaire, mais qu'ensuite, quand les événements s'accomplissent, votre salut même est en danger. Si vous êtes maintenant encore dans ces dispositions, je n'ai rien à vous dire. Si, au contraire, vous voulez bien écouter, sans exiger qu'on vous flatte, je suis prêt à parler.

Démosthène, *IIIe Philippique*, 3-4, trad. M. Croiset,
éd. Les Belles Lettres.

5

LA RÉFLEXION THÉORIQUE SUR LA CITOYENNETÉ

Nous l'avons vu dans les pages précédentes, la citoyenneté est une notion qui s'est peu à peu élaborée, sans qu'il soit possible de préciser à quel moment elle a acquis un sens définitif. C'est bien là d'ailleurs ce qui rend difficile le travail de l'historien qui cherche à éclairer des concepts qui ne sont jamais vraiment parvenus au degré d'abstraction auquel la science politique moderne est accoutumée. C'est seulement à partir de la seconde moitié du Ve siècle, et dans les milieux intellectuels d'Athènes, que se développe une réflexion théorique autour de la notion de *politeia*, une notion complexe dont nous réduisons le sens en la traduisant par le terme «constitution».

1. LE DÉBAT SUR LA *POLITEIA*

Nous partirons d'une définition de la *politeia* donnée par l'historien Ed. Will : «C'est le "droit de cité" ou la "citoyenneté" ; c'est aussi l'ensemble du corps civique, de ceux qui jouissent de la citoyenneté ; c'est enfin le système des institutions de la *polis* et la manière de les faire fonctionner. "Participer à la *politeia*", c'est donc jouir de ses droits civiques et de tout ce qui en découle en matière de participation aux institutions (politiques, militaires, judiciaires, religieuses)» (*Le Monde grec et l'Orient*, I, p. 419). Définition qui vaut surtout pour la fin du Ve siècle car, au IVe siècle, dans les constructions des théoriciens, la notion de *politeia* inclura aussi la manière de vivre en commun dans la cité.

1.1 Le dialogue «perse» dans les *Histoires* d'Hérodote

C'est vers le milieu du ve siècle que le débat sur la *politeia* apparaît dans nos sources avec le célèbre «dialogue perse» d'Hérodote (III, 80-82). Il est assez étrange que l'historien ait donné la parole à trois nobles perses, alors que toute son œuvre repose sur l'idée que la supériorité des Grecs sur les Barbares venait de ce qu'ils étaient des hommes libres, tandis que leurs adversaires étaient soumis à un despote. Hérodote imagine donc ce débat au lendemain de la défaite des Mages qui, après la mort de Cambyse, avaient usurpé le pouvoir, la question étant de savoir quel type de régime politique il convenait d'établir. Le premier des orateurs, Otanès, après avoir dénoncé le pouvoir d'un seul, la monarchie, qui permet à celui qui le détient d'agir à sa guise «sans avoir de comptes à rendre», et de se livrer à toutes les violences, sûr qu'il est de son impunité, présente comme le meilleur régime politique l'isonomie : «On y obtient les magistratures par le sort, on y rend compte de l'autorité qu'on exerce, toutes les délibérations y sont portées devant la communauté». Il s'agit bien évidemment ici de la démocratie, telle qu'elle existait à Athènes, et de cette égalité des citoyens devant la loi qui en était le caractère essentiel. À cet éloge de la démocratie par Otanès, répond le discours du second orateur, Mégabyze. Lui aussi s'affirme hostile au pouvoir d'un seul, mais il dénonce également celui sans frein de la multitude ignorante, et se prononce pour un régime qui remettrait l'autorité entre les mains d'un petit nombre, les meilleurs, c'est-à-dire une oligarchie, mais une oligarchie fondée sur l'*aristeia*, sur la supériorité à la fois morale et intellectuelle des *aristoi*. C'est alors qu'intervient le troisième orateur, Darius. Lui aussi juge néfaste le gouvernement populaire, mais non moins néfaste celui d'une minorité. Car, si valeureux que soient les détenteurs du pouvoir, il n'est pas possible que ne naissent pas entre eux des rivalités, chacun cherchant à faire triompher ses opinions. C'est donc la monarchie qui a ses préférences, parce que c'est le seul régime qui permet que soient tenues secrètes les décisions qui visent les ennemis, et qui finalement s'impose lorsqu'oligarchie et démocratie sombrent dans le désordre. Il importe peu qu'un tel discours ait servi à introduire l'arrivée au pouvoir de Darius. L'important est ce qu'il révèle des débats qui agitaient alors le monde grec.

1.2 Le débat sur la démocratie dans la seconde moitié du Ve siècle

L'un de ces débats portait sur la justification de la démocratie. Deux textes, contemporains des premières années de la guerre du Péloponnèse sont à cet égard significatifs : le discours que Thucydide prête à Périclès, lors des funérailles solennelles des soldats morts pendant la première année de la guerre et un pamphlet anonyme, qui apparaît sur bien des points comme la réponse à ce discours. Dans la célèbre *Oraison funèbre,* Périclès justifie le régime athénien : «Pour le nom, comme les choses dépendent non pas du petit nombre mais de la majorité, c'est une démocratie. S'agit-il de ce qui revient à chacun ? La loi fait à tous, pour leurs différends privés la part égale, tandis que pour les titres, si l'on se distingue en quelque domaine, ce n'est pas l'appartenance à une catégorie, mais le mérite qui vous fait accéder aux honneurs ; inversement, la pauvreté n'a pas pour effet qu'un homme, pourtant capable de rendre service à l'État, en soit empêché par l'obscurité de sa situation» (II, 27, 1). Ainsi, tous les citoyens athéniens sont juridiquement égaux, et seul le mérite crée entre eux des différences pour ce qui est de l'accès aux responsabilités. C'est là certes une vision idéalisée d'une réalité dont on a vu qu'elle était, en dépit de la misthophorie, bien différente. Mais le principe demeurait de la possibilité, au moins théorique, pour tous les citoyens de participer à la direction des affaires de la cité.

L'auteur anonyme de la *République des Athéniens*, longtemps attribuée à Xénophon, mais qui est en fait un pamphlet rédigé au début de la guerre du Péloponnèse, est beaucoup plus lucide et sait bien que seuls les riches accèdent aux plus hautes charges. Mais c'est aussi parce que ces charges sont lourdes et coûteuses. La masse des citoyens, quant à elle, préfère ne briguer que les fonctions «qu'on exerce en vue d'un salaire». Elle sait par ailleurs que de son vote dépend la politique de la cité. «Ce que le peuple veut, ce n'est pas un État bien gouverné où il soit esclave, mais un État où il soit libre et commande». Aux yeux de l'auteur anonyme du pamphlet, seuls ceux qui ont reçu l'éducation d'un honnête homme devraient avoir le pouvoir de décider, car seuls ils sont capables de prendre de bonnes et justes décisions. Mais la puissance d'Athènes repose sur sa flotte, et ce sont les pauvres qui servent sur les navires de guerre. Il ne faut donc pas s'étonner que, dans une cité aussi mal gouvernée, les esclaves et les étrangers jouissent de la même liberté de parole que les citoyens. On le voit, on retrouve dans ces accusations portées contre la démocratie et contre la souveraineté du peuple les mêmes griefs que dans le discours de Mégabyze à l'encontre de la masse ignorante, à quoi l'on oppose la vertu et la sagesse du petit nombre.

On retrouve l'écho de ces débats dans le théâtre contemporain, celui d'Euripide en particulier. C'est au légendaire roi d'Athènes, Thésée, que le poète, dans les *Suppliantes,* prête des paroles qui font écho à celles de Périclès : «Notre cité n'est pas au pouvoir d'un seul homme. Elle est libre, son peuple la gouverne, ses chefs sont élus pour un an. L'argent n'y a nul prestige. Le pauvre et le riche ont les mêmes droits». À ce discours répond le discours antidémocratique du héraut thébain qui dénonce les méfaits du pouvoir de la multitude, jouet des orateurs qui la flatte «au gré de leurs intérêts».

1.3 Les sophistes

Euripide, en portant sur la scène un tel débat, témoignait de l'influence qu'exerçaient alors à Athènes ces hommes que l'on désigne sous le nom de sophistes. Le terme a une nuance péjorative qu'il n'avait pas à l'origine, puisque sophiste vient de *sophia* qui, en grec, signifie « sagesse ». Mais ces « sages » qui, venus de tout le monde grec, affluèrent à Athènes dans la seconde moitié du Ve siècle pour y enseigner, étaient surtout des maîtres dans l'art de la persuasion, ce qui explique leur succès auprès des jeunes gens avides de faire une brillante carrière politique. Le poète Aristophane, et Platon plus tard par la bouche de Socrate, dénoncèrent les méfaits de cet enseignement qui se faisait payer très cher, et, grâce à des raisonnements tortueux, justifiait tout et n'importe quoi. En réalité, les fragments des œuvres des sophistes qui sont parvenus jusqu'à nous prouvent que la sophistique n'était pas seulement un art de la démonstration, mais qu'elle pouvait aussi exprimer des choix philosophiques et politiques. Sur ce dernier plan, qui seul ici nous intéresse, il semble qu'on puisse distinguer deux courants opposés. D'une part il y avait ceux qui, tel Thrasymaque de Chalcédoine, dont Platon a fait dans la *République* un interlocuteur de Socrate, prônaient le droit du plus fort et justifiaient ainsi le pouvoir d'un seul : à la limite, comme le proclamait un certain Calliclès dans un autre dialogue de Platon, le *Gorgias*, la tyrannie était le meilleur régime, puisqu'elle permettait à l'homme supérieur de ne tenir compte ni des hommes, ni des lois faites par et pour les faibles. Mais, à l'opposé, il y avait ceux comme Antiphon qui affirmaient que la nature avait fait tous les hommes égaux, et surtout ce Protagoras qui, dans le dialogue de Platon qui porte son nom, recourt au mythe pour justifier la démocratie : Zeus en effet aurait chargé Hermès de répartir également entre tous les hommes la *politikè technè*, la capacité de juger, et la vertu. Et Protagoras concluait : « Voilà pourquoi les Athéniens, quand il s'agit d'architecture ou de tout autre métier, pensent qu'il n'appartient qu'à un petit nombre de donner des conseils, et si quelque autre, en dehors de ce petit nombre, se mêle de donner un avis, ils ne le tolèrent pas, et ils ont raison selon moi. Mais quand on délibère sur la politique, où tout repose sur la justice et la tempérance, ils ont raison d'admettre tout le monde, parce qu'il faut que tout le monde ait part à la vertu politique ; autrement il n'y a pas de cité » (322 *d*-323 *a*).

On le voit, dans l'Athènes de la seconde moitié du ve siècle, le débat politique était particulièrement vif. De fait, le développement de la démocratie au cours du siècle, l'affirmation du rôle politique de l'ensemble des citoyens avaient provoqué la réaction de ceux qui avaient longtemps cru que, en dépit de la souveraineté populaire, ils conserveraient leurs privilèges et leurs avantages. La perte de ces privilèges, aggravée encore par les échecs militaires durant la guerre du Péloponnèse, allait, on l'a vu, les amener à agir. Mais, si certains tentèrent ouvertement d'établir à Athènes un régime oligarchique, d'autres, provisoirement associés à ces oligarques, prônaient une forme de régime plus large, plus ouvert que l'étroite oligarchie qu'avaient imposée les Quatre Cents en 411, les Trente en 404 : le retour à la « constitution des ancêtres », à la *patrios politeia*.

2. Le thème de la *patrios politeia*

C'est une constante des sociétés humaines de se tourner, en période de crise, vers un passé qu'on imagine avoir été meilleur que le présent. Il n'est donc pas surprenant que, face à la crise que traversait la cité, et pour se distinguer de ceux qui prônaient le recours à la violence contre le régime démocratique, des adversaires de ce régime aient cherché dans le passé des modèles de constitution, réels ou imaginaires, qu'ils pourraient proposer aux Athéniens sans paraître vouloir tout bouleverser.

2.1 Les modèles : Dracon, Solon, Clisthène

2.1.1 Dracon

Dans la *Constitution d'Athènes*, est mentionnée, au début de la partie historique, une Constitution de Dracon, dont on s'accorde à penser qu'elle est un faux, élaboré à la fin du ve siècle. Quelles en étaient les principales dispositions ? Les droits politiques étaient réservés à ceux qui possédaient la capacité hoplitique. L'accès aux magistratures les plus importantes était fonction de critères censitaires : pour être archonte ou trésorier, il fallait posséder une fortune d'au moins dix mines (1 000 drachmes) ; pour être stratège ou hipparque (commandant de cavalerie) une fortune d'au moins cent mines (10 000 drachmes) et avoir en outre des enfants légitimes. Un conseil était tiré au sort parmi tous ceux qui jouissaient des droits politiques et étaient âgés de plus de trente ans. L'absence aux réunions de ce conseil était sanctionnée par des amendes proportionnelles à la fortune de chacun, afin d'inciter les riches à être toujours présents. Le montant des amendes de même que la définition du cens en espèces témoignent de l'inauthenticité du texte, puisque Athènes, à l'époque de Dracon, ignorait l'usage de la monnaie. Mais l'idée demeurait de réserver aux plus riches l'accès aux magistratures et de ne permettre l'exercice des droits politiques qu'aux seuls hoplites.

2.1.2 Solon

On a déjà eu l'occasion d'évoquer les problèmes posés par le personnage de Solon. L'homme est mieux connu que Dracon, dans la mesure où on a conservé des fragments de son œuvre poétique. Il est hors de doute qu'il a, d'une part, mis fin à la servitude pour dettes par la *seisachtheia* et, d'autre part, rédigé des lois semblables pour tous, jetant ainsi les bases de cette isonomie qui sera le fondement de la démocratie athénienne. Ces lois, il avait stipulé qu'elles demeureraient inchangées pendant un siècle. En fait, il dut y avoir de nombreux ajouts dans les décennies qui suivirent son départ, et c'est l'une des raisons pour lesquelles une commission de nomothètes fut désignée à la fin du Vᵉ siècle pour procéder à une révision générale des lois. Au IVᵉ siècle, on aura tendance à attribuer à Solon la paternité de la quasi-totalité des lois (des *nomoi*) en vigueur. Sur le plan strictement politique, la *patrios politeia* solonienne présente un double caractère. D'une part, elle est censitaire, puisque l'accès aux magistratures est déterminé par le classement des citoyens établi par Solon lui-même : seuls les citoyens des deux premières classes accèdent aux plus hautes magistratures. Mais d'autre part, elle réserve à l'ensemble des citoyens le droit de participer à l'assemblée et aux tribunaux, autrement dit, d'exercer la souveraineté. On comprend dès lors comment la *patrios politeia* solonienne pouvait être revendiquée à la fois par les adversaires de la démocratie qui ne retenaient que le principe censitaire, et par ses partisans qui n'hésitaient pas à faire de Solon le «père fondateur» du régime athénien, mais d'un régime où la souveraineté du *démos* était partiellement limitée par le fait que les magistratures restaient réservées aux plus riches.

2.1.3 Clisthène

On a précédemment évoqué l'importance des réformes de Clisthène dans l'histoire de la citoyenneté athénienne. Pour l'auteur de la *Constitution d'Athènes*, il est celui qui, au lendemain de la chute des tyrans, a remis la *politeia* à la foule *(pléthos)*, autrement dit, il est le véritable fondateur de la démocratie. Or, au moment de la révolution oligarchique de 411, si l'on en croit le même auteur, le décret qui établissait le régime des Quatre Cents reçut un amendement dû à l'initiative d'un certain Clitophon et qui précisait que les commissaires élus pour élaborer la nouvelle constitution «auraient à examiner les lois des ancêtres établies par Clisthène quand il institua la démocratie, ceci afin qu'on les prît en considération et qu'on se décidât pour le mieux». Et l'auteur ajoute : «avec la pensée que la constitution de Clisthène n'était pas vraiment démocratique, mais analogue à celle de Solon» (XXIX, 3). Et de fait, les commissaires commencèrent par décider que la *politeia* n'appartiendrait qu'à ceux des Athéniens «les plus capables de servir l'État de leur personne et de leur argent au nombre de cinq mille». Il y a là une surprenante utilisation du passé par les auteurs de la révolution de 411, dont nous savons par ailleurs, grâce au récit de Thucydide, de quelle façon illégale ils s'emparèrent du pouvoir. La référence à Clisthène témoigne de la manière dont on pouvait occulter la réalité présente pour sembler maintenir une certaine continuité. L'aristocrate qui, à la fin du VIe siècle, et pour des raisons qui nous demeurent obscures, avait donné la souveraineté à l'ensemble des citoyens, devenait à la limite – et c'est ce que dira Isocrate – celui qui, au lendemain de l'épisode tyrannique, s'était borné à rétablir la constitution de Solon. Et c'est là sans doute ce qui explique son effacement, dans la période suivante, derrière la figure autrement plus ambigüe de Solon.

2.2 Le thème de la *patrios démocratia* : l'*Aréopagitique* d'Isocrate

Le thème de la *patrios politeia* réapparaît constamment au cours du IVe siècle, singulièrement dans l'œuvre du rhéteur Isocrate, qui eut pour élèves nombre d'hommes politiques, athéniens ou étrangers. En effet, il n'était plus possible, après l'échec des deux révolutions oligarchiques, de se proclamer partisan d'un tel régime. Dans les dicours des orateurs politiques – quelle que soit leur tendance – on retrouve les mêmes professions de foi en faveur de la démocratie et de l'égalité des citoyens, même si, par ailleurs, ils se plaisent à dénoncer la passivité du *démos*, l'influence néfaste des politiciens trop prompts à le flatter, le désordre des assemblées. C'est pourquoi d'ailleurs, dans le plus important des discours d'Isocrate, l'*Aréopagitique*, il est question de *patrios démocratia* plutôt que de *patrios politeia*. Comme il le rappelle lui-même, Isocrate était essentiellement un professeur, et les discours qui nous sont parvenus sous son nom étaient des modèles, destinés à ses élèves, et qui ne furent jamais prononcés devant une assemblée. L'*Aréopagitique* fut composé vers 355/4, au lendemain de la guerre qui avait coûté à Athènes la perte de la plupart de ses alliés au sein de la deuxième Confédération maritime. Il s'agissait donc, pour Isocrate, de tirer un trait définitif sur les ambitions impérialistes de la cité, mais aussi et surtout de remédier aux défauts dont souffrait le régime.« Notre constitution est corrompue sans que nous en prenions souci et sans que nous songions à la réformer. Assis dans les ateliers, nous accusons l'état des choses et nous disons que jamais sous le régime démocratique nous n'avons été si mal gouvernés ; mais, dans nos affaires et dans nos pensées, nous avons pour elle plus d'affection que pour celle que nous ont léguée nos ancêtres. C'est pour parler de celle-là que je vais prononcer mon discours et que je me suis fait inscrire pour intervenir. En effet, je trouve que la seule chose qui permettrait d'écarter les périls à venir et de nous délivrer des maux présents serait d'accepter le rétablissement de la démocratie d'autrefois, dont Solon, le meilleur ami du peuple, a fixé les lois et qu'a restaurée Clisthène, qui avait expulsé les tyrans et ramené le peuple» (§ 15-16). Cette *patrios democratia* se distinguait de la démocratie contemporaine en ce qu'elle était fondée certes sur l'égalité des citoyens, mais une égalité qui tenait compte des mérites respectifs de chacun. D'où la mise à la tête de la cité des gens les plus honnêtes et les plus compétents, dont la désignation se faisait par l'élection et non par les hasards du tirage au sort. Et il concluait : «Bref, les gens de ce temps avaient décidé que le peuple doit, comme un tyran, établir les magistrats, punir ceux qui font des fautes et juger les litiges, et que les personnes qui peuvent avoir du loisir et possèdent les moyens suffisants de vivre doivent s'occuper des affaires publiques comme des serviteurs ; que, s'ils se montrent justes, ils doivent recevoir un éloge et se contenter de cet honneur ; et que, s'ils administrent mal, ils doivent n'obtenir aucun pardon et être frappés des plus lourdes peines. Or, peut-on trouver démocratie plus solide et plus juste que celle qui charge des affaires les plus capables, mais rend d'eux le peuple maître souverain ?» (§ 26-27). C'était là exactement la constitution solonienne, telle qu'elle allait être décrite quelques années plus tard dans la *Constitution d'Athènes*. Mais Isocrate prenait bien soin de souligner son caractère démocratique, et par ailleurs il attribuait les mérites de ce régime équilibré, où les pauvres étaient préservés de la misère par la générosité des riches, aux pouvoirs que détenait alors le Conseil de l'Aréopage : «Celui-ci avait délivré les pauvres de la détresse grâce au travail et aux secours donnés par les possédants, les jeunes gens du désordre grâce aux occupations qu'on leur donnait et au soin qu'on prenait d'eux, les hommes politiques de la convoitise grâce aux châtiments et à l'impossibilité où le coupable était d'échapper, les vieillards du découragement grâce aux honneurs donnés par la cité et aux prévenances de la jeunesse. Pourrait-il y avoir constitution plus précieuse que celle qui a veillé si bien sur tout ? » (§ 55). Et contre la possible accusation de paraître exprimer des sentiments antidémocratiques, Isocrate réaffirmait avec force qu'il s'agissait bien pour lui de la vraie démocratie, celle qui avait été établie par les hommes les plus dévoués au peuple.

Ainsi, dans ce discours-programme, Isocrate ne prônait pas la réduction du corps civique aux seuls possesseurs d'un certain revenu. Tous les citoyens devaient demeurer maîtres des élections et des décisions de justice. Seules leur échappaient les charges publiques réservées aux riches, à ceux qui avaient des loisirs. C'était là en quelque sorte donner valeur légale à ce qui, nous l'avons vu, était une situation de fait, mais une situation de fait qui connaissait des exceptions, et c'est à ces exceptions que le *démos* était attaché.

3. Le citoyen dans les constructions des théoriciens

Or dans le même temps que certains songeaient aux moyens d'établir une démocratie modérée qui, tout en maintenant la souveraineté des citoyens assemblés, limiterait de fait cette souveraineté, en limitant en particulier la fréquence des assemblées, dans les écoles philosophiques étaient élaborés des projets de *politeia* idéale.

3.1 Platon et l'Académie

Platon est l'un des plus grands philosophes de tous les temps. Son œuvre considérable nous est parvenue sous la forme de dialogues qui, pour la plupart, mettent en scène son maître Socrate, condamné à mort par le tribunal populaire en 399, sous la double accusation de pervertir la jeunesse et d'introduire de nouveaux dieux dans la cité. Platon, qui appartenait à une grande famille athénienne, avait quelque temps quitté la cité après la mort de son maître. Quand il rentra à Athènes, ce ne fut pas pour se lancer dans une carrière politique, mais pour y fonder une école philosophique, l'Académie, qui attira bientôt des élèves venus de tout le monde grec. Dans les dialogues dont la composition s'échelonne des débuts du siècle jusqu'à la fin des années cinquante, Platon aborde tous les problèmes philosophiques, aussi bien la métaphysique que la logique, les mathématiques, la morale, etc. Mais sa préoccupation constante est la recherche de la justice, et c'est cette recherche qui l'a amené à traiter du problème de la meilleure constitution. Deux de ses œuvres sont particulièrement centrées sur ce problème : la *République* et les *Lois*.

3.1.1 La *République*

C'est pour répondre à un discours véhément du sophiste Thrasymaque de Chalcédoine que, pour parvenir à une définition de la justice, Socrate va être amené à élaborer un projet de cité idéale. Dès le départ, il pose comme allant de soi l'inégalité des citoyens, une inégalité congénitale, si elle n'est pas nécessairement héréditaire, fondée sur les aptitudes propres aux trois groupes qu'il distingue. « Vous qui faites partie de la cité, vous êtes tous frères, leur dirai-je, continuant cette fiction ; mais le dieu qui vous a formés a mêlé de l'or dans la composition de ceux d'entre vous qui sont capables de commander ; aussi sont-ils les plus précieux ; il a mêlé de l'argent dans la composition des gardiens, du fer et de l'airain dans celle des laboureurs et des autres artisans. Comme vous sortez tous de la même souche, vous aurez pour l'ordinaire des enfants qui vous ressembleront ; mais il peut se faire que de l'or naisse un rejeton d'argent et de l'argent un rejeton d'or, et que les mêmes variations se produisent entre les autres métaux » (415 *a-b*). Aussi les magistrats devront-ils veiller à ce que des transferts puissent se faire, afin que la répartition des fonctions soit respectée. La suite du dialogue concerne plus précisément les gardiens : c'est pour eux que sera établi ce régime de communauté absolue, non seulement des biens, mais des femmes et des enfants qui est la caractéristique essentielle de la cité idéale décrite dans la *République*. Sur le plan qui nous intéresse, celui de la citoyenneté, il est bien clair que paysans et artisans n'auraient dans cette cité, dont cependant ils font partie, aucun droit politique. Mais, il en irait apparemment de même pour les gardiens, chargés de veiller à la sécurité de la cité, et laissant entre les mains de ceux qui sont faits pour commander, ceux de la race d'or, c'est-à-dire les philosophes, le soin de décider de ce qui est bon et de ce qui est juste pour la communauté tout entière. On a souvent comparé la cité de la *République* à Sparte. Elle s'en distingue cependant en ce que paysans et artisans ne sont pas des dépendants, mais des citoyens, des citoyens dépourvus néanmoins de ce qui, aux yeux des Grecs, était le propre du citoyen, le droit de participer aux prises de décision. Platon ne se faisait d'ailleurs guère d'illusions sur la possibilité de réaliser ce qui pour lui relevait, en fin de compte, de la fable, de la fiction.

3.1.2 Les *Lois*

Le dialogue des *Lois* est la dernière œuvre de Platon. Socrate n'y figure pas, mais un Athénien joue son rôle face à deux interlocuteurs, le Crétois Clinias et le Spartiate Mégillos. Ce n'est pas un hasard si Platon a choisi un Crétois et un Spartiate. Car, à la Crète et à Sparte étaient attachés les noms de deux législateurs légendaires, Minos et Lycurgue, auxquels on prêtait la paternité des meilleures lois que la Grèce ait jamais connues, Lycurgue étant d'ailleurs souvent présenté comme s'étant inspiré dans sa législation des lois crétoises. Or, ce sont précisément ces lois que Clinias le Crétois a été chargé d'examiner en vue de la création d'une colonie. Et c'est à l'élaboration des lois de la future colonie que l'Athénien anonyme va s'attacher, les deux autres se bornant le plus souvent à souscrire à sa démonstration. Il n'est pas, bien entendu, sans conséquence que ce soit l'Athénien, c'est-à-dire Platon, qui mène le jeu. Car, comme la plupart des commentateurs l'ont remarqué, de nombreuses réglementations de la future colonie évoquent celles d'Athènes. Comme à Athènes, il y a, aux côtés de la communauté des citoyens, des métèques et des esclaves ; comme à Athènes, les citoyens sont répartis en fonction de leur fortune en quatre classes censitaires ; comme à Athènes, il y a une assemblée et un conseil. Mais là s'arrêtent les ressemblances. En premier lieu parce que les artisans sont exclus de la cité des *Lois*. Ou plus précisément, tous les citoyens ayant reçu un lot de terre lors de la fondation de la colonie, ils vivent des revenus de ce lot de terre et ne sont pas autorisés à se livrer à des activités artisanales ou commerçantes. Mais c'est surtout dans le fonctionnement des institutions que se révèlent les différences les plus importantes. Tous les citoyens ont théoriquement le droit de participer aux séances de l'assemblée, mais les attributions de cette assemblée sont mal définies et les décisions doivent, dans certains cas, pour être valables, être prises à l'unanimité. En revanche, les pouvoirs du Conseil sont très étendus. Mais ce Conseil est recruté selon des principes bien différents de ceux de la *Boulè* athénienne. En effet, chaque classe y a le même nombre de représentants, ce qui suppose une représentation proportionnellement plus importante des riches, par définition moins nombreux. Par ailleurs, pour le Conseil comme pour l'assemblée, des dispositions sont prises pour contraindre les riches à une présence permanente qui n'est pas exigée des pauvres : l'absentéisme des premiers seuls sera sanctionné par une amende. On voit s'affirmer là un souci, que nous retrouverons chez Aristote, de contourner le principe majoritaire sur lequel se fonde la démocratie, afin d'éviter le poids des suffrages des citoyens les plus pauvres qui sont aussi les plus nombreux. D'autres dispositions, sur lesquelles il n'y a pas lieu ici de s'attarder, contribuent à renforcer les inégalités entre les citoyens posés au départ comme théoriquement égaux. On voit bien quel était le but auquel visaient ces dispositions : réserver aux plus riches, à ceux qui avaient des loisirs la direction effective de la cité. En cela, et en dépit de la répartition égalitaire de la terre civique, d'une éducation strictement réglementée par la cité, et d'un contrôle très étroit de la vie des citoyens, la cité des *Lois* avait quelque parenté avec l'Athènes plus ou moins imaginaire du passé évoquée par Isocrate dans l'*Aréopagitique*.

3.2 Aristote

Aristote est l'autre grand philosophe du IVe siècle grec. À la différence de Platon, il n'était pas Athénien, mais il vint à Athènes pour y suivre l'enseignement de celui-ci. Originaire de Stagyre dans le Nord de la Grèce, il était fils d'un médecin attaché à la cour du roi de Macédoine. C'est la raison pour laquelle il fut appelé par Philippe pour veiller à l'éducation du jeune Alexandre. Puis il revint à Athènes où il allait fonder sa propre école, le Lycée. Esprit encyclopédique, il s'intéressa à tous les domaines de la pensée. On lui doit de nombreux traités scientifiques, mais aussi le premier ouvrage de science politique, une réflexion sur les constitutions qu'il avait élaborée après avoir rassemblé ou fait rassembler par ses élèves des informations sur les constitutions existantes. Nous ne possédons des 150 constitutions réunies par ses soins que la *Constitution d'Athènes*, souvent citée ici. Mais la *Politique*, sa grande œuvre, nous est parvenue presque intégralement : seuls manquent les derniers chapitres. Et c'est une précieuse source de renseignements en même temps qu'une réflexion particulièrement éclairante sur les systèmes politiques et sur la citoyenneté grecs.

3.2.1 La définition du citoyen

C'est en effet dans la *Politique* que, pour la première fois, est posé le problème de la nécessité d'une définition du citoyen. Après avoir expliqué dans une première partie comment se forme la cité, puis s'être livré à une critique des constitutions présentées comme des modèles – qu'elles soient imaginaires comme celles de Platon ou d'autres théoriciens, ou réelles comme celles de Sparte et des cités crétoises – Aristote en vient à l'examen des constitutions existantes. Mais, la cité étant définie par lui comme une communauté de citoyens, il importe d'abord de savoir ce que c'est qu'un citoyen. En effet « la notion de citoyen prête souvent à contestation… tel qui est citoyen dans une démocratie, souvent n'est pas citoyen dans une oligarchie » (III, 1275 *a* 3-5). À ses yeux, le citoyen « au sens strict », c'est celui qui participe « à la *krisis* et à l'*archè* » (1275 *a* 22-23), c'est-à-dire aux fonctions de juge et de magistrat, Aristote incluant dans ces dernières non seulement les magistratures auxquelles on accède pour un temps limité, mais aussi ce qu'il appelle les magistratures « illimitées », parmi lesquelles il compte le fait de participer aux assemblées. Il est clair aussitôt que sont exclus de cette définition « fonctionnelle » les femmes, les enfants et, dans les cités où la participation aux assemblées est réservée aux seuls hoplites, les vieillards libérés du service militaire. En revanche, on voit qu'elle convient bien au citoyen d'Athènes, puisque le seul fait de participer aux assemblées est tenu pour l'équivalent d'une magistrature. Ce qui pourrait sembler *a priori* surprenant, sauf si l'on se rappelle qu'à l'époque d'Aristote la participation aux assemblées était rétribuée par un *misthos*. Par ailleurs, comme Aristote le souligne lui-même, cette définition, une fois admis le fait que la participation aux assemblées est considérée comme une magistrature « illimitée », vaut surtout pour une démocratie. Ailleurs, c'est-à-dire là où existent des régimes oligarchiques, il n'y a pas de réunions régulières de l'assemblée et les fonctions de juge ne sont pas ouvertes à tous. D'où la légère correction de sa définition : il appellera citoyens tous ceux qui ont « la possibilité » de participer au pouvoir délibératif et judiciaire, même s'il est des moments où ils ne l'exercent pas.

On le voit, Aristote ne sépare pas la citoyenneté de l'exercice des fonctions politiques et judiciaires. C'est pour cela aussi qu'il estime qu'il faudrait écarter de la citoyenneté ceux qui, à ses yeux, sont incapables, du fait de leur genre de vie, d'exercer ces fonctions, même s'il est des cités, comme les cités démocratiques où on leur en permet l'accès : pour lui, il s'agit essentiellement des artisans, et la meilleure cité – la cité idéale – n'en fera pas des citoyens. Mais force lui est de constater qu'il n'en va pas ainsi. Non seulement les démocraties, mais même les oligarchies censitaires – de nombreux artisans sont riches – les admettent. D'où la nécessité, pour bien comprendre la place des différentes catégories de citoyens dans les systèmes politiques, de se livrer à un examen de ces systèmes.

3.2.2 L'analyse des constitutions

Elle occupe la plus grande partie du texte extrêmement riche et complexe d'Aristote, sa réflexion s'appuyant parfois, dans ce que les commentateurs appellent les livres « réalistes », sur des exemples empruntés aux recherches qu'il avait fait faire par ses élèves. Il n'est évidemment pas possible, dans les limites de ce chapitre, d'analyser le texte dans sa totalité. Il faut seulement retenir qu'aux yeux d'Aristote, écrivant dans la seconde moitié du IVe siècle, il n'y a en fait que deux types de constitution, la démocratie et l'oligarchie, et que « la vraie différence qui sépare entre elles démocratie et oligarchie, c'est la pauvreté et la richesse », les pauvres étant partout les plus nombreux et les riches la minorité (III, 1279 *b* 39 *sqq*.). Cette disproportion entre le nombre des pauvres et des riches est d'ailleurs ce qui le conduit à critiquer la démocratie où, en vertu du principe d'égalité absolue entre tous les citoyens, ce sont toujours les pauvres, naturellement majoritaires, qui l'emportent. Il n'en adhère pas pour autant à l'oligarchie, à laquelle il reproche surtout, en excluant la majorité des prises de décision, de créer de continuels facteurs de troubles et, par là même, d'être un régime instable. Or l'instabilité débouche sur le désordre, la rupture de la communauté civique, la *stasis*, dont le monde grec contemporain d'Aristote offre tant d'exemples. Il faut donc tenter, pour les régimes en place, de pallier les inconvénients liés à ces inégalités, non pas en établissant comme dans les démocraties une égalité « arithmétique » qui aggrave – comme on l'a vu – les antagonismes entre riches et pauvres, mais une égalité «proportionnelle» ou «géométrique» qui rétablirait l'équilibre détruit. Ainsi par exemple, dans une démocratie, en ne laissant voter qu'autant de pauvres qu'il y a de riches ou, dans une oligarchie, en ouvrant à ceux qui sont exclus de la prise de décision l'accès temporaire à certaines fonctions. Mais ce sont là bien entendu des palliatifs. L'idéal serait de retrouver l'équilibre que les cités avait connu au temps où seuls les hoplites avaient le droit de prendre part aux assemblées et où ces mêmes assemblées étaient rares et peu fréquentées, la majorité des citoyens vivant sur leurs terres et ne se déplaçant que rarement pour venir en ville. Aristote rejoignait ainsi les partisans de la *patrios politeia* ou de la *patrios démocratia*, même s'il appelait seulement *politeia* ce régime équilibré. Par ailleurs, comme son maître Platon, il pensait qu'aucune des constitutions existantes n'était vraiment acceptable. C'est pourquoi son ouvrage débouchait sur un plan, malheureusement inachevé, de cité idéale.

3.2.3 La cité idéale

C'est en effet dans les deux derniers livres de la *Politique* qu'est exposé le programme concernant la cité idéale, telle que l'imagine Aristote. Choix de la localisation géographique, extension du territoire et chiffre de la population, telles sont les premières questions envisagées. En ce qui concerne les citoyens, le philosophe pense que leur nombre doit être limité sans l'être trop : «Si une cité est formée de trop peu de gens, elle ne peut se suffire à elle-même... ; au contraire, formée de trop de gens, elle se suffira pour les besoins essentiels, comme un peuple et non comme une cité : car il n'est pas facile alors d'avoir des institutions politiques» (VII, 1326 *b* 1-5). En effet, les Grecs n'imaginent pas une vie politique autre que directe, et comme le dit encore le philosophe, dans une cité de dimensions trop vastes, le héraut ne saurait se faire entendre. Et il ajoute : «pour trancher en matière de droits et pour répartir les charges selon le mérite, les citoyens doivent nécessairement se connaître mutuellement» (VII,

1326 *b* 15-16). Mais dans la cité parfaite, tous n'auront pas mêmes fonctions. L'idéal en effet étant que la cité soit « autarcique », il faut que la communauté comporte « une masse de cultivateurs qui fourniront les vivres, et aussi des artisans, la classe combattante, la classe riche, des prêtres et des juges décidant des droits et des intérêts » (VII, 1328 *b* 20 *sqq*.). Mais tous ces gens nécessaires à la vie commune ne seront pas citoyens. En effet, dans la cité parfaite, « les citoyens ne doivent vivre ni une vie de travailleur manuel, ni de commerçant (car une vie de ce genre est dépourvue de noblesse et contraire à la vertu), et ceux qui en deviendront les citoyens ne doivent pas davantage être cultivateurs, car il faut du loisir pour faire naître la vertu et pour exercer les activités politiques » (VII, 1328 *b* 39-1329 *a* 2). Celles-ci seront réservées aux hommes d'âge mûr, ceux qui seront libérés de la fonction guerrière réservée aux plus jeunes ; en fait, à un seul et même groupe, qui aura seul aussi accès à la propriété foncière – le groupe des citoyens de la cité idéale – auxquels seront réservés également les sacerdoces, une fois venue la vieillesse et le renoncement aux autres activités. À ces citoyens, gouvernés dans leur jeunesse, puis gouvernants à l'âge adulte, il importe que soit donnée une éducation conforme aux rôles successifs qu'ils seront appelés à jouer. C'est dire que l'éducation exclusivement militaire à la spartiate ne saurait convenir aux citoyens de la cité idéale, et qu'il faut accorder une grande importance à la musique qui, plus que toute autre activité, est capable de préparer l'homme à ce qui est le but de la cité : la vie heureuse.

Aristote, à la différence de Platon, n'a pas décrit les institutions de sa cité idéale. Mais, comme Platon, quoique s'en distinguant sur bien des points de détail, il considérait que le citoyen de la cité parfaite ne pouvait se livrer qu'aux deux seules activités dignes d'un homme libre : la guerre et la politique. Et même le travail de la terre, parce qu'il ne laissait pas les loisirs nécessaires à l'acquisition de la vertu politique, devait être abandonné à des esclaves ou à des dépendants. On mesure par là combien les constructions des théoriciens, élaborées dans le milieu athénien, étaient étrangères aux réalités de ce même milieu, et d'une cité où, comme

Xénophon le fait dire à Socrate, le pouvoir était entre les mains d'une assemblée composée de «foulons, de cordonniers, de charpentiers, de forgerons, de laboureurs, de marchands, de trafiquants qui ne pensent qu'à vendre cher ce qu'ils ont acheté à bas prix» (*Mémorables*, III, 7, 6). Mais, n'était-ce pas précisément pour s'opposer à cette réalité que les philosophes qui vivaient et enseignaient à Athènes, élaboraient des programmes de cités idéales ?

Documents

La justification de l'oligarchie

Mégabyze voulait que l'on confiât les affaires à une oligarchie ; il disait : « Ce qu'a dit Otanès conseillant d'abolir le régime tyrannique, tenez-le pour dit par moi aussi ; mais quand il vous pressait de déférer au peuple le pouvoir, il s'est écarté de l'avis le plus sage. Car il n'est rien de plus insolent qu'une multitude bonne à rien. Et, à coup sûr, échapper à l'insolence d'un tyran pour choir dans celle d'une populace effrénée est chose qu'on ne saurait aucunement tolérer. L'un, s'il fait quelque chose, le fait en connaissance de cause ; l'autre n'est même pas capable de cette connaissance. Comment en effet l'aurait-elle, n'ayant pas reçu d'instruction ni rien vu de bien par elle-même, bousculant les affaires où elle se jette sans réflexion, pareille à un fleuve torrentueux.

Que ceux qui veulent du mal aux Perses, que ceux-là donc usent de la démocratie ; mais nous, choisissons un groupe d'hommes parmi les meilleurs, et investissons-les du pouvoir ; car, certes, nous serons nous-mêmes de leur nombre, et il est dans l'ordre de la vraisemblance que les hommes les meilleurs prennent les meilleures décisions ».

Hérodote, III, 81, trad. Ph. E. Legrand,
éd. Les Belles Lettres.

La constitution des ancêtres

Ceux qui autrefois administraient la cité, établirent non pas une constitution à laquelle on donnait le nom le plus large et le plus doux, mais qui ne le justifiait pas par ses actes aux yeux de ceux qui avaient affaire à elle, qui donnait aux citoyens une telle éducation qu'ils voyaient de l'esprit démocratique dans l'indiscipline, dans le mépris de la loi, de la liberté, dans la licence des paroles, de l'égalité, dans le droit d'agir ainsi, le bonheur, mais une constitution qui, en détestant et en châtiant les gens de cette espèce, rendait meilleurs et plus sages tous les citoyens. Ce qui contribua le plus à la bonne organisation de leur cité, c'est qu'entre deux égalités dont on connaît l'existence et dont l'une distribue la même part à tous et l'autre à chacun ce qui lui convient, ils ne méconnaissaient pas la plus utile : celle qui accorde la même chose aux bons et aux méchants, ils l'écartaient comme injuste ; et celle qui honore et châtie chacun selon son mérite, ils la choisissaient et, grâce à elle, ils réglaient les affaires de l'État non pas en tirant au sort les magistrats parmi tout le peuple, mais en désignant pour chaque tâche les gens les plus honnêtes et les plus compétents ; car ils espéraient que les autres citoyens ressembleraient aux gens mis à la tête des affaires.

Isocrate, *Aréopagitique*, 20-22, trad. G. Mathieu,
éd. Les Belles Lettres.

La meilleure cité réalisable

Tout d'abord, il faut régler quel doit être le chiffre total de la population ; ensuite, on s'accordera sur la répartition des citoyens, le nombre et la nature des classes entre lesquelles on les divisera ; et parmi ces classes, on distribuera la terre et les habitations avec le plus d'égalité possible. Le nombre suffisant des habitants ne peut être choisi correctement qu'en fonction du territoire et des cités voisines : le territoire devra suffire à la nourriture d'un certain nombre d'hommes tempérants, et il ne le faut pas plus grand, mais la population sera assez nombreuse pour pouvoir repousser les voisins qui lui feraient du tort et secourir, sans trop d'impuissance, des voisins à qui on voudrait en faire… Notre plan de législation se proposait un but, celui de procurer aux citoyens le plus de bonheur et autant d'amitié mutuelle qu'il était possible ; or jamais ils ne pourraient être amis tant qu'il y aurait entre eux beaucoup de procès, beaucoup aussi de passe-droits, mais bien là où il n'y en aurait que d'aussi peu graves que possible et d'aussi peu fréquents. Nous disons donc qu'il ne faut ni or ni argent dans la cité, ni non plus beaucoup de ce commerce qu'entretiennent les métiers, l'usure ou un honteux élevage, mais seulement ce que l'agriculture donne ou produit, et encore dans la mesure où un tel trafic n'obligerait pas à négliger ce pour quoi l'argent est fait ; je veux dire l'âme et le corps qui, sans la gymnastique et le reste de l'éducation, ne vaudront jamais la peine d'en parler.

Platon, *Lois,* V 737 *c-d* ; 743 *c-d,* trad. E. des Places,
éd. Les Belles Lettres.

Nécessité de l'*eunomia*

Il semble du domaine de l'impossible que la cité qui n'est pas gouvernée par les meilleurs mais au contraire par de mauvais éléments jouisse d'une bonne législation, et que, pareillement, soit gouvernée aristocratiquement la cité qui n'a pas une bonne législation. Or, une bonne législation *(eunomia),* ce n'est pas d'avoir des lois bien établies, mais auxquelles on n'obéit pas. Il faut donc concevoir l'*eunomia* premièrement comme l'obéissance aux lois établies, et secondement, comme l'excellence des lois établies que l'on observe fidèlement.

Aristote, *Politique,* IV, 1294 *a* 1-6, trad. J. Aubonnet,
éd. Les Belles Lettres.

L'importance de l'éducation

De tous les moyens indiqués pour assurer la durée des constitutions, le plus important et celui que tout le monde néglige actuellement, c'est un système d'éducation conforme au régime politique. On ne tirera en effet aucun profit des lois les plus bénéfiques, même sanctionnées par l'unanimité des membres de la cité, si ces derniers n'ont pas des habitudes et une éducation dans l'esprit de la constitution, de caractère démocratique, si les lois sont démocratiques, oligarchique, si elles sont oligarchiques : le manque de maîtrise de soi, en effet, peut exister chez un individu, et également dans une cité. Mais avoir reçu une éducation conforme à la constitution, c'est faire, non pas ce qui plaît aux oligarques ou aux partisans d'une démocratie, mais ce qui permettra aux uns d'avoir un gouvernement oligarchique et aux autres de se gouverner démocratiquement.

Aristote, *Politique*, V, 1310 *a* 12-22, trad. J. Aubonnet,
éd. Les Belles Lettres.

CONCLUSION

Nous voici parvenus au terme de ce rapide parcours à travers la citoyenneté ou plutôt les citoyennetés grecques. Par nécessité, parce que notre documentation pour l'époque classique, où la cité atteint son apogée, est essentiellement athénienne, c'est Athènes qui a été au cœur de notre démarche. Mais l'origine des sources n'est pas seule en cause. Car c'est aussi à Athènes que la citoyenneté a atteint son plein développement, que le « métier » de citoyen est devenu une réalité quotidienne. Et cela, parce que, dès la fin du VIe siècle, s'était imposée l'égalité des citoyens, une égalité d'abord juridique et politique, qui laissait subsister les inégalités de fait liées à la naissance ou à la fortune, mais n'en offrait pas moins à tous ceux qui étaient athéniens la possibilité de participer à la détermination de la politique de la cité, par leurs votes exprimés au sein des assemblées. Ailleurs, il se peut qu'il en ait été également de même. L'hégémonie exercée par Athènes sur le monde grec à partir de la fin des guerres médiques a certainement contribué à répandre les institutions démocratiques dans le monde égéen, et par conséquent à généraliser cette citoyenneté active qu'Aristote, à la fin du IVe siècle, considérera comme la seule citoyenneté « au sens strict ». Mais, dans une grande partie du monde grec, l'appartenance à la communauté civique demeurait définie par des critères plus stricts, de naissance, de fortune, d'accès à la propriété du sol civique ; et par ailleurs, cette appartenance n'impliquait pas nécessairement une réelle participation à la prise de décisions, réservée à des minorités plus ou moins étroites. On peut admettre qu'au cours des deux siècles de l'époque classique, l'évolution s'est faite dans le sens d'un élargissement des rangs de la communauté civique, à la faveur des bouleversements qu'a connus le monde grec, principalement durant la guerre du Péloponnèse. Mais en même temps – et l'histoire d'Athènes est à cet égard particulièrement éclairante – cet élargissement du *démos* et de ses pouvoirs a pu provoquer des réactions, et le désir de diminuer le nombre des citoyens de plein droit. L'étude des réflexions théoriques sur la citoyenneté nous a permis de prendre la mesure de ces réactions. Ont-elles eu des effets concrets sur l'évolution de la citoyenneté dans le monde grec ? Il n'est pas facile de répondre à une telle question. À l'époque hellénistique, les nombreuses inscriptions émanant de cités grecques, singulièrement de cités de la côte asiatique de la mer Égée, témoignent d'une certaine vitalité de l'activité civique : assemblées et conseils se réunissent et votent des décrets concernant divers aspects de la vie de la communauté. Mais ces cités elles-mêmes ne jouent – à l'exception de quelques-unes comme Rhodes – qu'un rôle minime dans la politique égéenne, dominée par les rois des grands États nés de l'Empire d'Alexandre. En Grèce d'Europe, le témoignage de l'historien Polybe, qui vivait au second siècle avant notre ère, atteste que les cités étaient en proie à des troubles internes, nés de la misère du plus grand nombre, et qui rendaient toute vie civique très aléatoire. Quant à Athènes, presque constamment soumise au contrôle d'une garnison macédonienne installée au Pirée, elle ne vivait plus que dans le souvenir de sa grandeur passée et par la renommée de ses écoles philosophiques. Et partout s'affirmait dans les cités grecques la prééminence des notables, même si subsistait une vie civique formelle.

L'épanouissement de la citoyenneté dans le monde grec correspond donc à un moment relativement bref de l'histoire de la civilisation occidentale. Certes, parallèlement à son élaboration s'est développée à l'Ouest de la Méditerranée la citoyenneté romaine. Il ne saurait être question ici d'en dégager les traits, sinon pour marquer quelques différences essentielles. D'abord, qu'elle n'a jamais impliqué l'égalité de ceux qui en étaient investis, non seulement parce qu'il existait des degrés dans les pouvoirs qu'elle permettait d'exercer, mais aussi parce que les inégalités sociales, sanctionnées par un classement censitaire, y déterminaient les possibilités d'exercice de ces pouvoirs : les pauvres étaient pratiquement exclus du vote au sein des comices centuriates, l'assemblée la plus importante. Ensuite parce que, très vite, cette citoyenneté romaine est devenue un statut plus qu'une fonction, à partir du moment où elle a été étendue à des groupes de plus en plus éloignés de l'*Urbs*. La fiction n'en a pas moins subsisté jusqu'à ce que la citoyenneté romaine soit accordée par l'empereur Caracalla à tous les hommes libres de l'Empire.

Il reste pourtant que, comme les citoyennetés grecques, la citoyenneté romaine impliquait la souveraineté de la communauté civique (le *populus romanus*), même si, comme le rappelait la célèbre formule, cette souveraineté était partagée avec le Sénat. Et c'est là ce qui explique la fascination que les «républiques anciennes» ont exercée sur les hommes de la Révolution française lorsqu'ils ont voulu transformer les sujets du Roi en citoyens de la Nation, donnant par la même au terme de «citoyen» une valeur nouvelle et le faisant entrer dans l'Histoire.

PETIT LEXIQUE DES INSTITUTIONS

Agora : c'est la place publique dans les cités grecques, là où se tenaient à l'origine les assemblées du *démos*. À Athènes, depuis que les assemblées se réunissent sur la Pnyx, l'agora joue plutôt le rôle d'un centre de la vie économique et des échanges locaux.

Archontes : les archontes sont, dans nombre de cités, les magistrats les plus importants. À Athènes, ils sont trois à l'origine, auxquels s'ajoutèrent les six thesmothètes et le secrétaire. Leurs fonctions étaient surtout judiciaires et religieuses. Ils étaient tirés au sort pour un an.

Aréopage : c'est à Athènes le conseil formé par les archontes sortis de charge. À l'époque archaïque il jouait un rôle important en matière judiciaire, dont il fut partiellement privé par Éphialte en 462/1. Il retrouva à plusieurs reprises un rôle de gardien des lois et de la cité, dans des moments difficiles, par exemple après Chéronée.

Atimie : c'était la privation de l'exercice des droits politiques, qui frappait les débiteurs de l'État et tous ceux qui, à quelque titre que ce soit, avaient agi de façon illégale.

Boulè : ce mot désigne en grec le conseil restreint qui préparait les débats de l'assemblée. À Athènes, la Boulè, composée de cinq cents membres tirés au sort chaque année, était dotée de pouvoirs étendus. C'est elle en particulier qui contrôlait les magistrats à leur entrée et à leur sortie de charge. Tout citoyen de plus de trente ans pouvait y accéder, mais pas plus de deux fois dans sa vie. Les bouleutes recevaient une indemnité de cinq oboles par jour et d'une drachme durant les 35 ou 36 jours où ils étaient prytanes.

Démagogues : on donnait ce nom à Athènes, aux orateurs qui se faisaient les défenseurs du *démos*, c'est-à-dire de la masse des citoyens. Leurs adversaires les accusaient de flatter le peuple au lieu de le guider dans la bonne voie.

Dème : le dème était une circonscription territoriale. C'est Clisthène qui, à Athènes, découpa l'espace de la cité et de son territoire en une centaine de dèmes regroupés en trente trytties et en dix tribus. Les citoyens d'un dème se réunissaient en assemblées présidées par le démarque. C'est lui qui tenait le registre où chaque Athénien était inscrit à sa majorité. Les Athéniens faisaient suivre leur nom de celui de leur dème.

Démos : le mot *démos* a en grec un double sens. Dans les actes officiels, par exemple les décrets, il désigne la communauté des citoyens. Dans les textes littéraires en revanche, le *démos*, c'est le petit peuple par opposition aux riches, aux bien nés, aux notables. Le mot démocratie, qui signifie souveraineté du *démos*, est également affecté par cette ambiguïté. Pour les défenseurs du régime, il s'agit de la souveraineté de tous les citoyens, pour ses adversaires, de la souveraineté des pauvres, qui sont les plus nombreux.

Ecclésia : c'est le terme grec qui désigne l'assemblée de tous les citoyens. À Athènes, c'est le corps souverain qui vote les propositions soumises par la Boulè avec possibilité de les amender. Il en va de même dans les autres cités démocratiques. Dans les cités oligarchiques en revanche, l'*ecclésia* n'a qu'un rôle réduit, voire nul dans les prises de décision, et, à l'inverse de l'assemblée athénienne qui se réunit périodiquement, n'est convoquée que de façon exceptionnelle.

Eisphora : l'*eisphora* est à Athènes l'impôt de guerre, levé exceptionnellement, à partir de la guerre du Péloponnèse. Au IVe siècle, les *eisphorai* se multiplièrent, et leur levée nécessita des aménagements. On pense généralement que seuls quelques milliers de citoyens environ, sur trente mille que comptait la cité au début du IVe siècle, étaient astreints au paiement de l'*eisphora*.

Éphébie : l'éphébie était à l'origine la retraite de deux années à laquelle étaient soumis les adolescents avant de devenir citoyens à part entière. À Athènes, dans la seconde moitié du IVe siècle, l'éphébie devient une sorte de service militaire auquel sont appelés tous les jeunes Athéniens.

Héliée : l'Héliée était à Athènes le tribunal populaire qui avait à connaître de toutes les causes aussi bien publiques que privées, à l'exclusion des crimes de sang qui relevaient de l'Aréopage. Au Ve siècle, on tirait au sort, chaque année, parmi tous les Athéniens âgés de plus de trente ans, six mille héliastes qui étaient ensuite appelés à former les différents tribunaux à partir d'un nouveau tirage au sort très compliqué, destiné à éviter les fraudes et les pressions sur les juges. Les héliastes recevaient un salaire de trois oboles par jour de séance du tribunal.

Liturgies : les liturgies étaient des dépenses publiques prises en charge par les citoyens les plus riches. À Athènes, les plus importantes étaient la *triérarchie* (équipement d'un navire de guerre), la *chorégie* (entretien d'un chœur pour les représentations dramatiques), l'*hestiasis* (financement d'un banquet public précédé d'un sacrifice). Les riches tiraient gloire de leurs nombreuses liturgies. Au IVe siècle cependant, leur poids accru allait provoquer les résistances de plus en plus fréquentes de ceux qui y étaient astreints.

Métèques : les métèques sont à Athènes les étrangers autorisés à résider sur le territoire de la cité. Ils devaient acquitter un droit annuel, le *métoikion*. Ils étaient également tenus de servir dans l'armée et les plus riches d'entre eux étaient astreints au paiement de l'*eisphora*. Ils n'avaient le droit ni de participer à la vie politique, ni d'acquérir de la terre en Attique. Mais certains d'entre eux jouaient un rôle important dans la vie économique de la cité et étaient fort riches.

Misthophorie : on désigne par ce mot la rétribution des fonctions publiques par un salaire *(misthos)*. C'est Périclès qui le premier instaura la misthophorie à Athènes, d'abord pour les juges de l'Héliée, puis pour les bouleutes. Au IVe siècle, la présence aux séances de l'assemblée fut également rétribuée par un *misthos*. Les adversaires de la démocratie dénonçaient la misthophorie qui à leurs yeux favorisait l'oisiveté du *démos*. Mais, pour Périclès, c'était le moyen de permettre à tous de se consacrer aux affaires de la cité.

Nomos : c'est le terme qui désigne la loi, mais avec un sens beaucoup plus large que ce que nous entendons par ce mot, car il englobe à la fois les pratiques sociales et les réglementations de caractère juridique ou politique. Les Grecs attribuaient les lois qui réglaient leurs cités à des législateurs inspirés, comme Lycurgue à Sparte ou Solon à Athènes. Dans cette dernière cité, toute loi nouvelle était, au Ve siècle, soumise au vote de l'assemblée. Au IVe siècle cependant, afin d'éviter l'existence de lois contradictoires, on institua des commissions de nomothètes chargées de les examiner préalablement. Toute loi contraire à la constitution pouvait entraîner contre celui qui l'avait proposée, la procédure de la *graphè para nomôn*, l'action en illégalité.

Ostracisme : l'ostracisme fut institué par Clisthène, le réformateur athénien. Il s'agissait de faire désigner, par un vote de l'assemblée auquel devaient participer au moins six mille citoyens, le ou les hommes qui apparaissaient comme présentant un danger pour la cité. La peine infligée était l'exil pour une période de dix ans. L'ostracisme fonctionna à Athènes pendant tout le Ve siècle, et l'on a retrouvé de nombreux tessons *(ostraka)* portant les noms d'hommes politiques célèbres qui, à un moment ou à un autre, furent menacés ou frappés d'ostracisme.

Prytanes : les prytanes étaient les cinquante bouleutes d'une tribu qui, pendant un dixième de l'année, siégeaient en permanence. Ils présidaient les séances de l'assemblée, élisaient chaque jour l'un d'entre eux comme président (épistate) et recevaient un salaire quotidien d'une drachme.

Politeia : c'est un terme très général, qui désigne aussi bien la citoyenneté que le régime politique. « Acquérir la *politeia* », c'est devenir citoyen, en être écarté, c'est perdre ses droits politiques. Mais, lorsque les écrivains politiques ou les orateurs évoquent la *patrios politeia*, ils désignent par là la constitution des ancêtres.

Phratries : les phratries sont des groupements de citoyens, de caractère religieux et familial au sens large, mais qui, dans une cité comme Athènes, jouent un rôle important dans la légitimation d'une naissance ou d'un mariage, pour justifier l'appartenance au corps civique.

Stratèges : les stratèges sont dans de nombreuses cités des magistrats importants. Ce sont les stratèges qui commandent l'armée en campagne, mais, au moins jusqu'à la fin du Ve siècle, ils dirigent également la politique de la cité qui les a élus, généralement pour un an. Au IVe siècle, avec l'évolution des pratiques militaires, les stratèges tendent de plus en plus à devenir des généraux professionnels, commandant de préférence des armées de mercenaires.

Symmories : les symmories sont à Athènes, au IVe siècle, des groupements de contribuables s'acquittant d'une même fraction de l'*eisphora*. En effet il n'y avait pas d'administration fiscale proprement dite, et c'étaient les contribuables eux-mêmes qui devaient rassembler l'argent. Il y aurait eu à Athènes cent symmories. Ce mode très primitif de perception de l'impôt n'allait pas sans retards et difficultés. C'est pourquoi, vers la fin des années soixante du IVe siècle fut instituée la *proeisphora*, c'est-à-dire l'avance par les trois plus riches contribuables de chaque symmorie de la totalité de l'impôt.

Théorikon : le *théorikon* était à Athènes une indemnité versée aux citoyens afin de leur permettre d'assister aux représentations dramatiques lors des grandes fêtes religieuses, en particulier les Grandes Dionysies. Vers le milieu du IVe siècle, on affecta tous les excédents budgétaires à la caisse du *théorikon*, qui semble être devenu à ce moment-là une sorte d'allocation de secours pour les plus pauvres.

Tribus : les tribus *(phylai)* étaient, dans nombre de cités grecques, des groupements de citoyens qui se réclamaient d'une origine commune. À Athènes, les quatre tribus originelles avaient été remplacées, à la fin du VIe siècle, par dix tribus de caractère territorial, chaque tribu rassemblant des dèmes de la région côtière, de la ville et de l'intérieur. Ailleurs, les tribus avaient conservé leur caractère premier.

LEXIQUE DES NOMS PROPRES

Alcibiade : aristocrate athénien qui s'imposa comme orateur dans les années qui suivirent la conclusion de la paix de Nicias (421). Principal instigateur de l'expédition de Sicile, il n'y prit pas part, ayant fui pour éviter une accusation d'impiété. Son retour triomphal à Athènes, huit ans plus tard, précéda de peu son exil définitif.

Aristophane : poète comique qui, dans son théâtre, représenté pendant les années de la guerre du Péloponnèse, s'en prenait sans indulgence aux politiciens et aux démagogues comme Cléon qu'il accusait de berner le *démos* et d'entraîner la cité dans des expéditions hasardeuses.

Aristote : l'un des plus grands philosophes grecs. Établi à Athènes dans la seconde moitié du IVe siècle, il y composa avec ses élèves de nombreux ouvrages dont la *Politique*. C'est à lui que nous devons l'essentiel de notre information sur les notions de citoyen et de citoyenneté, et notre connaissance des institutions athéniennes.

Callistratos : homme politique athénien de la première moitié du IVe siècle, qui fut l'artisan de la restauration partielle de l'hégémonie athénienne en mer Égée et à qui l'on doit la réforme de la levée de l'eisphora et l'organisation des symmories.

Cimon : aristocrate athénien qui domine l'histoire d'Athènes dans les premières décennies du Ve siècle. Il contribua au développement de l'empire d'Athènes en mer Égée. Son immense richesse lui valait un grand prestige auprès du *démos*. Mais sa rivalité avec Périclès entraîna son ostracisme en 461. Rappelé quelques années plus tard, il mourut au cours d'une expédition contre Chypre.

Cléon : le type même du démagogue. Il acquit une grande influence dans l'assemblée après la mort de Périclès. Riche tanneur, il était méprisé par les notables, mais suivi par le *démos*. Il fut la principale cible des attaques d'Aristophane.

Clisthène : aristocrate athénien appartenant à la grande famille des Alcméonides, il contribua au renversement du tyran Hippias, fils de Pisistrate. Mais, dans la lutte qui l'opposa alors aux oligarques, il choisit le parti du *démos*, et on lui doit la nouvelle organisation de la cité et le découpage du territoire civique sur lesquels allait s'établir la démocratie.

Démosthène : le type même de l'orateur politique dans l'Athènes du IVe siècle. Il eut pour principal objectif la lutte contre Philippe de Macédoine, mais se heurta à l'opposition de ceux qui, après l'échec de la seconde confédération maritime, voulaient préserver la paix à tout prix. Après Chéronée, il continua à jouer un rôle politique et, bien qu'écarté de la cité pour avoir reçu de l'argent du trésorier d'Alexandre, il participa néanmoins au dernier soulèvement contre la présence macédonienne en Grèce, et se donna la mort pour échapper aux agents du général macédonien Antipatros.

Éphialte : il fut, après Clisthène et avant Périclès, l'un des fondateurs de la démocratie athénienne. C'est lui en particulier qui priva le conseil de l'Aréopage de la plus grande partie de ses pouvoirs, donnés au tribunal populaire de l'Héliée et à la Boulè.

Eubule : cet homme politique mal connu a joué un rôle important à Athènes vers le milieu du IVe siècle, comme préposé à la caisse du *théorikon*, en faisant prévaloir une politique de retrait par rapport aux ambitions hégémoniques d'Athènes.

Isocrate : professeur de rhétorique, qui enseigna à Athènes au IVe siècle. Ses nombreux discours sont pour l'historien un précieux témoignage sur certains courants de l'opinion athénienne. Il fut le théoricien de la *patrios démocratia*, la démocratie, dont il attribuait le mérite à Solon et qui, tout en reconnaissant au *démos* le droit de décider et de juger, réservait les magistratures aux plus riches, seuls capables de disposer des loisirs nécessaires.

Lycurgue de Sparte : législateur semi-légendaire qui aurait, après avoir enquêté en Crète et consulté l'oracle de Delphes, donné à la cité de Sparte ses institutions, tout en procédant à un partage égalitaire du sol et en fixant les règles d'une éducation stricte, tournée essentiellement vers l'apprentissage de la vie militaire.

Lycurgue d'Athènes : homme politique athénien qui joua un rôle important dans la cité après la défaite subie devant Philippe à Chéronée, en 338. Il aurait en particulier rétabli les finances d'Athènes, rendu aux fêtes religieuses leur éclat d'autrefois, et institutionnalisé l'éphébie pour en faire un véritable service militaire.

Périclès : c'est le plus célèbre des hommes politiques athéniens, qui, pendant quinze ans, constamment réélu stratège, présida aux destinées de la cité. C'est lui qui fit entreprendre par Phidias les travaux de l'Acropole. Par la création de la misthophorie, il permit à un grand nombre de citoyens de participer à la vie politique. Soucieux de développer l'hégémonie d'Athènes, il porte la responsabilité du déclenchement de la guerre du Péloponnèse. Il mourut peu après, victime de l'épidémie qui fit des ravages dans la cité.

Pisistrate : aristocrate athénien qui, profitant des troubles qui suivirent le départ de Solon, s'empara du pouvoir à Athènes. Deux fois chassé de la cité, il réussit néanmoins à s'imposer. Sa tyrannie était tenue par les Anciens pour un régime modéré, et son règne semble avoir coïncidé avec un rapide développement de la cité et de son influence. Après sa mort en 527, ses fils ne le suivirent pas dans la voie de la modération. Le cadet, Hipparque, fut assassiné en 514, et l'aîné, Hippias, dut s'enfuir en 510.

Platon : l'un des plus grands philosophes de tous les temps. Disciple de Socrate, il fut le fondateur de l'Académie. Ses dialogues, qui mettent en scène son maître, sont à la fois des œuvres d'une grande valeur littéraire et une source incomparable pour la connaissance de la société athénienne.

Socrate : sage athénien, d'origine modeste (son père était sculpteur et sa mère sage-femme), qui aimait à parcourir les rues de la ville en interrogeant ses compatriotes. Il eut de nombreux disciples, parmi lesquels Alcibiade, Platon et Xénophon. Ces deux derniers le mirent en scène dans leurs écrits respectifs, et, si l'image qu'ils donnent de leur maître est parfois contradictoire, il en ressort néanmoins quelques traits constants qui permettent de comprendre pourquoi il fut accusé par la cité, et condamné à mort en 399 av. J.-C.

Solon : législateur athénien qui, devenu archonte en 594, entreprit de résoudre la grave crise sociale qui menaçait l'unité de la cité en supprimant la servitude pour dette et en créant des lois communes pour tous. Soucieux de maintenir la balance égale entre les deux groupes qui s'opposaient, il indisposa les uns et les autres. Au IVe siècle pourtant, on voyait en lui le fondateur de la démocratie et l'auteur de la plupart des lois qui réglaient la vie de la cité.

Thémistocle : homme politique athénien qui contribua au développement de la flotte athénienne et permit ainsi aux Athéniens de résister à Xerxès et d'être vainqueurs de la flotte perse à Salamine en 480 av. J.-C.

Thucydide : le plus grand historien grec. Il entreprit de faire le récit de la guerre du Péloponnèse, afin que ses lecteurs puissent en tirer des leçons «pour toujours». Son style élégant et vigoureux, l'art avec lequel il savait faire parler les principaux orateurs, son sens de la démonstration et de l'enchaînement logique des faits en font un précurseur de l'histoire «rationnelle».

Xénophon : élève de Socrate, il fut aussi le continuateur de Thucydide et nous lui devons le récit des événements politiques et militaires de la fin du Ve et des premières décennies du IVe siècle. Esprit curieux, il a laissé de nombreux traités qui sont une source précieuse pour la connaissance du IVe siècle grec.

CHRONOLOGIE

Fin du IXe - début du VIIIe siècle : « Naissance » de la cité grecque.

Milieu du VIIIe - milieu du VIe siècle : Expansion grecque en Méditerranée. Composition des poèmes homériques.

Deuxième moitié du VIIe siècle : Fixation de la constitution spartiate.

621 : Lois de Dracon à Athènes.

594/3 : Archontat de Solon à Athènes.

561/0 : Première prise du pouvoir par Pisistrate.

510 : Chute de la tyrannie à Athènes.

508/7 : Réformes de Clisthène.

499 - 494 : Révolte de l'Ionie.

491 - 490 : Première guerre médique. Marathon.

481 - 479 : Deuxième guerre médique. Salamine.

478/7 : Formation de la ligue de Délos autour d'Athènes.

464 : Soulèvement des hilotes de Messénie.

462/1 : Réformes d'Éphialte à Athènes.

451/0 : Loi de Périclès sur la citoyenneté.

449/8 : « Paix de Callias » entre Athènes et l'Empire perse.

431 : Début de la guerre du Péloponnèse.

429 : Mort de Périclès.

421 : Paix de Nicias.

415 - 413 : Expédition de Sicile.

411 : Révolution oligarchique des Quatre-Cents à Athènes.

406 : Début de la tyrannie de Denys à Syracuse.

405 : Fin de la guerre du Péloponnèse.

404 - 403 : Gouvernement des Trente à Athènes.

399 : Procès et mort de Socrate.

397 : Conspiration de Cinadon à Sparte.

378/7 : Deuxième Confédération maritime d'Athènes.

371 : Défaite des Spartiates à Leuctres. Perte de la Messénie.

359 : Avènement de Philippe en Macédoine.

357 - 355 : Guerre des Alliés. Fin de l'hégémonie athénienne.

346 : Paix de Philocrates.

338 : Défaite des Grecs à Chéronée.

337 : Formation de la ligue de Corinthe sous l'autorité de Philippe.

336 : Assassinat de Philippe. Avènement d'Alexandre.

330 : Procès sur la Couronne.

323 : Mort d'Alexandre.

322 : Mort de Démosthène. Établissement d'un régime censitaire à Athènes.

BIBLIOGRAPHIE

Ne sont indiqués ici que les ouvrages en langue française ou traduits en français.

Sources

Quelques grands textes d'auteurs anciens sont indispensables pour comprendre ce qu'était la citoyenneté dans le monde grec. La plupart sont traduits dans la Collection des Universités de France aux Belles Lettres. C'est le cas de la *Politique* et de la *Constitution d'Athènes* d'Aristote, de la *République* et des *Lois* de Platon, des *Discours* d'Isocrate, de la *Guerre du Péloponnèse* de Thucydide, des *Histoires* d'Hérodote et des *Helléniques* de Xénophon. Il existe également de ces auteurs des traductions dans la collection Garnier-Flammarion. Certaines d'entre elles sont récentes (les *Politiques* d'Aristote), mais la plupart sont assez anciennes et doivent être utilisées avec précaution.

Ouvrages généraux

Une bonne connaissance de l'histoire générale de la période est indispensable. Plusieurs manuels ont été publiés ces dernières années :

AMOURETTI M. C. et RUZÉ F., *Le Monde grec antique*, Hachette, Paris, 2e éd. 1990 ; étude générale et très pédagogique.

BASLEZ M.-F., *Histoire politique du monde grec antique*, Paris, Nathan, 1994 ; centré essentiellement sur la trame événementielle, du début du second millénaire à la fin du Ier siècle av. J. C.

FINLEY M. I., *Les Anciens Grecs*, Seuil, Paris, 3e éd. avec bibliographie mise à jour, 1993 ; brillante synthèse due à l'un des plus grands historiens contemporains.

MOSSÉ Cl., *Dictionnaire de la civilisation grecque*, Complexe, Bruxelles, 1992 ; pour une information plus détaillée sur des points précis.

MOSSÉ Cl. et SCHNAPP-GOURBEILLON A., *Précis d'Histoire grecque*, A. Colin, Paris, 1990 ; étude synthétique, qui embrasse également une vaste période des origines à la fin de l'époque hellénistique.

WILL Ed., *Le Monde grec et l'Orient*, t. I *Le Ve siècle*, PUF, Paris, 3e éd., 1988 ; t. II *Le IVe siècle et l'époque hellénistique* (en collaboration avec Cl. Mossé et P. Goukowsky), PUF, Paris, 3e éd. 1990 ; ouvrage de référence avec de nombreuses bibliographies récemment mises à jour.

Institutions

BRULÉ P., *La Cité grecque à l'époque classique*, Rennes, PUR, 1994 ; privilégie des questions généralement peu abordées (démographie, paysage rural, formes de sociabilité).

VAN EFFENTERRE H., *La Cité grecque* (des origines à la défaite de Marathon), Hachette, Paris, 1985 ; ouvrage qui étudie surtout la période de formation et s'arrête au début de l'époque classique, quand commence l'hégémonie athénienne.

GLOTZ G., *La Cité grecque*, A. Michel, Paris, 1928 (dernière réédition, 1988) ; ouvrage ancien qui reste valable sur de nombreux points, même si certaines analyses sont aujourd'hui contestées.

HANSEN M. H., *La Démocratie athénienne à l'époque de Démosthène*, Paris, Belles Lettres, 1993 ; un exposé complet des institutions athéniennes, en même temps qu'une réflexion sur la démocratie.

LONIS R., *La Cité dans le monde grec. Structures, fonctionnement, contradictions*, Paris, Nathan, 1994 ; les institutions politiques et leur évolution en liaison avec les transformations de la société.

MOSSÉ Cl., *Les Institutions grecques*, A. Colin, Paris, 1969, 1991 ; sur les institutions proprement dites.

Cité grecque, d'Homère à Alexandre, recueil d'articles publiés sous la direction d'O. MURRAY et S. PRICE, La Découverte, Paris, 1993.

Économie et Société

On retiendra essentiellement :

AUSTIN M. et VIDAL-NAQUET P., *Économies et sociétés en Grèce ancienne*, A. Colin, Paris, 1972, 1992 ; avec de nombreux textes précédés d'une importante introduction.

FINLEY M. I., *Économie et Société en Grèce ancienne*, La Découverte, Paris, 1984, recueil d'articles. On retiendra surtout les articles sur Sparte (pp. 35-58) et sur les démagogues athéniens (pp. 89-119).

GARLAN Y., *Guerre et Économie en Grèce ancienne*, La Découverte, Paris, 1989 ; VERNANT J. P. (éd.), *Problèmes de la guerre en Grèce ancienne*, Mouton, Paris, 2e éd., 1985 ; sur le rôle de la guerre et son influence sur l'économie et la société.

Les origines de la citoyenneté

LÉVÊQUE P. et VIDAL-NAQUET P., *Clisthène l'Athénien*, Paris, 2e éd. 1983 ; interprétation des réformes opérées par l'homme politique athénien en fonction du contexte intellectuel de l'époque.

POLIGNAC F. DE, *La Naissance de la cité grecque*, La Découverte, Paris, 1984 ; met en lumière l'importance du facteur religieux dans l'élaboration de la communauté civique.

ROUSSEL D., *Tribu et cité. Étude sur les groupes sociaux dans les cités grecques aux époques archaïque et classique*, Paris, 1976 ; analyse des différents groupements rassemblant les citoyens à l'origine de la cité et de leurs transformations à l'époque classique.

SCHMITT-PANTEL P., *La Cité au banquet*, Rome, 1992 ; thèse importante qui met en valeur les formes archaïques de la commensalité et leurs rapports avec l'appartenance à la communauté civique jusqu'à l'époque hellénistique.

VATIN C., *Citoyens et non-citoyens dans le monde grec*, SEDES, Paris, 1984 ; une synthèse commode.

Le fonctionnement des systèmes politiques

CARLIER P., *Démosthène*, Fayard, Paris, 1990 ; une biographie qui est une illustration du rôle des hommes politiques dans l'Athènes démocratique.

FINLEY M. I., *L'Invention de la politique*, Flammarion, Paris, 1985 ; ouvrage fondamental pour la compréhension du mode de fonctionnement de la vie politique dans les cités antiques en général et à Athènes en particulier.

Le développement de la pensée politique

BORDES J., *Politeia dans la pensée grecque jusqu'à Aristote*, Paris, 1982 ; sur l'évolution d'un concept particulièrement complexe.

MOSSÉ Cl., *Histoire des doctrines politiques en Grèce*, Paris, 2e éd., 1975 ; brève synthèse.

PIÉRART M. (éd.), *Aristote et Athènes,* Fribourg, 1993 ; qui rassemble des contributions sur la pensée politique d'Aristote, mais également sur différents aspects du fonctionnement de la vie politique athénienne.

VERNANT J.-P., *Les Origines de la pensée grecque*, PUF, Paris, 4e éd., 1981 ; ouvrage fondamental pour la compréhension de «l'univers spirituel» de la *polis* grecque.

VIDAL-NAQUET P., *Le Chasseur noir*, Maspero, Paris, 1981 (La Découverte, 1991) ; recueil d'articles sur les formes de pensée et la manière dont les anciens Grecs appréhendaient la société.

Dans la même collection

Domaine : Histoire

1. Vincent Milliot, *Pouvoirs et Société dans la France d'Ancien Régime*
6. Pierre Guillaume, *Initiation à l'histoire sociale contemporaine*
8. Sylvie Guillaume, *Histoire politique comparée : Grande-Bretagne, R.F.A., France, 1945-1991*
11. Anne Dulphy, *Histoire de l'Espagne de 1814 à nos jours*
26. Benoît Garnot, *La Justice en France de l'an mil à 1914*
34. Ralph Schor, *Crises et dictatures dans l'Europe de l'entre-deux-guerres, 1919-1939*

N° de projet : 10024215 - (2) - 4,5 - (OSB - 80) - IC – Septembre 1994
Imprimé en France par Pollina, 85400 Luçon - n° 66134